GUÍA PRÁCTICA DE HIPOPRESIVA

por Solange Freyre

ÍNDICE

GUÍA PRÁCTICA DE GIMNASIA	1
HIPOPRESIVA	1
PRESENTACIÓN	4
PRIMERA PARTE	5
PAUTAS GENERALES PARA UNA BUENA SALUD	6
CUERPO	6
MENTE	9
ESPÍRITU	10
QUÉ ES LA GIMNASIA HIPOPRESIVA	11
LA FAJA ABDOMINAL	12
SUELO PÉLVICO y DIAFRAGMA	14
BENEFICIOS DE LA GIMNASIA HIPOPRESIVA	15
PAUTAS POSTURALES	17
LA RESPIRACIÓN	26
RUTINA DE NIVEL I	29
ARTEMISA	32
AURA	33
MAYA	36
GAIA	38
HESTIA	39
DEMÉTER	45
ESTIRAMIENTOS SUGERIDOS PARA DESPUÉS DE LA PRÁCTICA	50
ESTIRAMIENTO DE CUELLO	51
ESTIRAMIENTO DE BRAZOS	52
ESTIRAMIENTO DE PIERNAS	53
POSICIÓN DE DESCANSO	56
SEGUNDA PARTE	57
REPASO DE PAUTAS POSTURALES	58
RESPIRACIONES DINÁMICAS	59
NUEVAS POSTURAS	61
FREYA	61
PERSÉFONE	64
ARTEMISA	66
AURA	68
MAYA	69
GAIA	71

ISIS	73
HESTIA	75
DEMÉTER	77
AFRODITA	81
SELENE	83
TERCERA PARTE	85
RESPIRACIÓN:	86
fortalecer músculos, respiración dinámica y apnea dinámica.	86
NEURODINÁMICA	88
ESPIRAL DE BRAZOS	89
POSTURAS DE NIVEL III	91
FREYA avanzada	93
PERSÉFONE avanzada	96
ARTEMISA avanzada	102
AURA avanzada	104
GAIA avanzada	107
MAYA avanzada	108
HESTIA avanzada	110
AFRODITA avanzada	115
DEMÉTER avanzada	117
SELENE avanzada	119
MASAJE MIOFASCIAL	125
DIAFRAGMA Y MÚSCULOS DE LA INSPIRACIÓN	126
ESTIRAMIENTOS: bonus track	128
Consideraciones finales.	133

PRESENTACIÓN

Hola queridos y queridas.

He decidido recopilar la info que llevo aprendiendo de Gimnasia Hipopresiva para ustedes, para vosotros. De una manera sencilla y cercana, para que sea de utilidad. sin terminología científica y sin mucha retórica. Habrá partes en español, otras en argentino, y próximamente en inglés, ya que soy trilingüe. ;-)

Permítanme que me presente.

Soy Solange (Vidal) Freyre (Chalfoun). Sí. Fui perdiendo algunos apellidos por el camino porque era todo muy largo, y alguno que otro, resultaba impronunciable. Esto no quiere decir que reniegue de mi familia, sino todo lo contrario. Soy cantante y actriz, y me animo a bailar (mi cuerpo me sigue). Llevo veinte años dedicándome a esta profesión de las artes escénicas, con más y menos lucha, con mejores y peores momentos, pero siempre asumiendo el reto de crecer, aprender y actualizar mi sistema. Siempre con la premisa de dar con absoluta generosidad y Ser, en el escenario y en la vida, no actuar por ego, o por el aplauso.

Podrás encontrar más sobre mí en **www.solangefreyre.com**

El caso es que siempre he sido una curiosa empedernida; siempre me ha interesado investigar.

Siendo Ser Humano, como vos, como tú, estarás de acuerdo conmigo en que tenemos un cuerpo, una mente y un espíritu, para mantenerlo simple. En realidad son siete los cuerpos del Ser Humano, pero voy a hacer referencia a tres, así, a grosso modo.

Por lo tanto, siempre he pensado y sentido que tengo la responsabilidad de gestionarlos a todos, a todos mis cuerpos, como cuando tienes una empresa y tienes que gestionar distintos departamentos. Igual. De nada me sirve acumular muchos conocimientos, ser buena para el cálculo, tener una mente lógica, y tener el cuerpo abandonado, con sobrepeso, mal alimentado, desentrenado. Tampoco me sirve tener el lomazo (cuerpazo) de Wonder Woman y una mente vaga y perezosa, y no trabajar mi desarrollo espiritual. Tampoco serviría ser un Buda y olvidarme de los aspectos materiales. Por eso, buscando el equilibrio y una adecuada gestión, me permito darte unos consejitos antes de entrar en materia.

PRIMERA PARTE

PAUTAS GENERALES PARA UNA BUENA SALUD.
SOBRE LA GIMNASIA HIPOPRESIVA.
PAUTAS POSTURALES.
PAUTAS RESPIRATORIAS.
RUTINA DE NIVEL 1.

PAUTAS GENERALES PARA UNA BUENA SALUD

CUERPO

Pienso que el cuerpo es la nave que te permite viajar por este plano, por la Tierra, por esta experiencia material, 3D. De momento nuestra experiencia no es más que una peli de Pixar. Si no cuidas tu nave, si no cuidas que esté bien por dentro y por fuera, es como cuando se te rompe el auto, o el coche: se acabó el viaje. O por lo menos, el viaje se hace dificultoso, cuesta arriba, con frenazos, con ruidos insoportables, sin aire acondicionado en verano y sin suspensiones. Una tortura. El infierno en la Tierra.

Por todo esto, me formé muy jovencita como Monitora de Aerobics, siempre fui al gimnasio o hice algún deporte. Pasé por el squash, natación, muchos tipos de gimnasia, baile, buceo deportivo, y últimamente Bikram Yoga. Me formé en Pilates y, hace unos años, en Gimnasia Hipopresiva.

Si yo hubiera conocido esto último al principio, quizás no me hubiera machacado tanto en el gimnasio. Luego verán por qué algunas prácticas habituales de gimnasio son contraproducentes. Si yo hubiera conocido esta técnica después de dar a luz mellizos, quizás no me hubiera operado la tremenda diástasis abdominal que tenía, sino que la hubiera corregido practicando. Pero no lo sabía. Cuando tienes (tenés) hijos, o por lo menos entonces, allá por 2005, al mes ya te mandan al gimnasio, a correr, a hacer abdominales, a hacer spinning: ¡HORROR!

Por toda esta curiosidad por mejorar, siempre me han interesado además los temas de alimentación. ¿Te suena alguno de éstos?: La Antidieta, La Zona, Dukan, Montignac... Uff. Muchos más. Al final, en este aspecto me rijo por unos principios básicos y que corresponden al sentido común (mi padre decía que es el menos común de los sentidos, así que hay que repetírselo a uno mismo cada tanto): COME SANO.

¿Un árbol da manzanas? Si la respuesta es sí, cómelas. ¿Un árbol da Donuts? Si la respuesta es no, no los comas. Fácil, ¿no? Tres o cuatro nociones de esto y me meto al lío de los ejercicios hipopresivos.

Tranquilos, no les voy a echar la charla. Con el tiempo, el cuerpo me fue pidiendo menos carne, menos procesado y menos cantidad de comida. Ahora como la mitad que cuando tenía 20 años. ¡Y a veces pienso que sigue siendo mucho! Aquí les cuento unas pocas reglas básicas que yo he ido constituyendo como hábitos. Aquí está la clave, en crear hábitos. De nada sirve entrenar mucho un día, o comer muy sano un día, y luego veinte días a pizza, kebab y comida precocinada.

Mejor poco a poco, conquistando nuevos espacios, pero siendo el monarca en ese nuevo espacio conquistado.

Mis pocas reglas:

1. Como sólo si tengo hambre.

2. Paso un poco de hambre de vez en cuando (un pequeño ayuno, no echo gasolina al tanque todo el tiempo, así los órganos descansan, ¡y se activan las hormonas del rejuvenecimiento!).

3. Como lo más natural posible todo el tiempo posible, así cuando hay un fiestón y me tiento, mi cuerpo lo expulsa rápido porque es material indeseable.

4. Desayuno fruta; almuerzo (como) bien, generalmente una ensalada llena de cosas y gigante (es demasiado grande, tengo que mejorar este aspecto), pero cierto es que es mi comida principal; picoteo si tengo hambre luego por la tarde (una leche vegetal* con cereales integrales, o una tostada, o ¡tomo mate!) y ceno un batido, o un zumo verde, una tostada de pan de centeno con algunas verduritas, o caldo de verduras. Por la noche no tengo hambre; antes comía por sentarme con la familia, ahora me siento igual pero no ingiero por ingerir.

5. Evito el azúcar en todas sus formas (es la peor droga socialmente aceptada, y nos hace adictos, enfermos, nos esclaviza y nos hace manipulables). Y ojo, ¡está escondida por todas partes! No es sólo que no pongas azúcar al café; está en los embutidos, en las latas de conservas, en las bebidas, ¡CUIDADO!

6. Evito las harinas refinadas, hacen el mismo efecto que el azúcar (¡arroz blanco y fideos entran aquí!)

7. Evito las grasas saturadas- las que se ven y las que ocultan las galletas, facturas (bollos), etc.

*La soja también está bastante manipulada, prefiero leche de arroz, coco, avena o almendras. Las razones por la que no tomo lácteos son muchas: en la edad adulta no digerimos la lactosa; la caseína es tóxica; las vacas son sometidas a atrocidades -entre muchas cosas, tienen mastitis, se les suministran antibióticos, y un largo etc. ¡que luego te bebes tú!, además de las hormonas. Hay relación entre el consumo de lácteos y los cánceres hormonales (próstata y mamas). Y podría enumerar muchas más cosas. Si te interesa lee El estudio de China. Yo de sólo pensarlo, no quiero beberlo ni comerlo (aquí están también el queso, el yogur, la crema, ... En fin). Un día tentarte con un helado o un sandwich mixto, ok. Pero todos los días leche en el café... Más el queso... Más el helado... Más la bechamel... Más... Más... Uff...

Más resumido:

1. Come si tienes hambre.
2. No azúcar.
3. No harinas blancas.
4. No grasas saturadas.
5. No lácteos (o los mínimos posibles)
6. De vez en cuando descansar órganos.
7. Cuando llegue la hora, si llega, no más carnes ni embutidos.

Chin pon. De a poco, y creando hábitos. Mejor pocos cambios sostenidos, que todos juntos un mes y luego frustración y abandono.

Si quieres saber más sobre esto, te recomiendo "El camino a tu peso ideal", de John Ribes - mi pareja. Él se tomó el trabajo de resumir sus veinte años de experimentos con la nutrición, con su propio cuerpo, y lo volcó todo en un libro que pronto editaremos. Hay que ayudar a las personas a estar mejor, y a veces hay demasiada información.

Él te explica todo esto que yo te he dicho muy resumido y te ayuda a comprenderlo y a hacerlo hábito. Te ayuda con pocos pasos conscientes y sencillos para que sea tu elección de vida y no otra dieta, otro castigo. No te mereces más castigos, sino elegir la salud.

Con el tema alimentación, me voy a quedar aquí. Parece difícil, pero no lo es. Sólo hay que cambiar la mirada de las cosas. Como dijo una vez mi amigo, Antoine, el piloto, aquel que hablaba con un Principito "Para ver claro sólo hace falta cambiar la dirección de la mirada".

Por supuesto debo decir que soy antitabaco. Otra vez, no te voy a echar la charla, cada uno sabe lo que quiere hacer con su vida y sus pulmones. Pero, los cigarrillos no nacen de los árboles, y sabemos, que peor que el tabaco, son todos los químicos que le acompañan en el pack, y que son devastadores. Con la gimnasia hipopresiva trabajarás tu capacidad respiratoria; es un contrasentido si te dijera "Fumá, tranqui, está todo bien, y ahora hagamos unos hipopresivos". Hacé lo que quieras, pero mejor si dejás esa droga también (¡y te vas a ahorrar plata!).

Ahora esto último en español: Haz lo que quieras, pero mejor si dejas esa droga también (¡y te vas a ahorrar pasta!).

Esto de ser bilingüe es lo que tiene.

MENTE

Hasta hace poco, siempre había trabajado mi mente desde un punto de vista intelectual. El cole, la universidad, el TOC que tengo por contarlo todo (cuento los actores o músicos sobre un escenario, las paradas que me faltan por llegar cuando voy en subte (o metro), las personas que han venido a clase de yoga, etc), lectura, crucigramas, Big Boggle (mi juego favorito), etc. Cierto es que desde muy jovencita llegaron a mí libros de desarrollo personal, pero los encaré del mismo modo, como algo académico (subrayar, hacer resúmenes, cuadros sinópticos -otro TOC-), así que no fue hasta mucho después que comprendí el trabajo de la educación emocional que hay que hacer(se) y el hecho de entrenar la mente para crear mi realidad. Así que sí, la mente también se puede entrenar.

Si cada tanto actualizas una App del teléfono celular o móvil, o el sistema operativo de la computadora u ordenador, ¿por qué "diantres" no actualizamos nuestro sistema operativo? (me gusta usar palabras raras, diantres está un poco abandonada) Seguimos funcionando toda la vida con nuestros programitas, nuestros hábitos, nuestras creencias, nuestras rutinas, nuestra zona de confort, porque afuera, están los monstruos ¡que nos van a comer vivos! ... ¡Oooohhhhhh!!!!

Si una creencia te limita, ya no te sirve: es un virus. Estamos llenos de troyanos. Sé un "cyber detective" por una vez, detéctalas y dales muerte, ¡a la papelera! Lo peor que puede pasarte es que te hagas más grande :-)

Así que, además de ponernos en forma por dentro y por fuera, muscularmente hablando, y además de oxigenar nuestro cuerpo a tope y activar el sistema linfático (¡eliminación de toxinas!), te insto a que revises tu mente también y te desintoxiques. Te encontrarás mucho más livian@.

Puedo recomendarte varios libros y caminos en este sentido. Lo que más me ha ayudado a mí: "Supercoaching" de Raimon Samsó, y "Los Tres Principios" -junto con su taller de Claridad, cabe aclarar, valga la redundancia- de Sydney Banks.

Y "Piense y hágase rico" de Napoleon Hill es un MUST. No te asustes; la palabra "rico" no sé por qué tiene una connotación negativa. Otra creencia limitante que descubrí en mi cabeza. Hablamos de riqueza en todas sus formas, no el típico personaje de la tele, el malo de la película, que está en una casa oscura contando billetes y emitiendo risas diabólicas. Ése no (cualquier parecido con la realidad política y mediática es mera coincidencia).

ESPÍRITU

Aquí no me voy a meter mucho. No creo que pueda ni deba erigirme en gurú. Cada uno cree lo que quiere, cada uno tiene fe a su manera. Cada uno aborda el Ser desde su perspectiva, con sus ganas, sus tiempos, sus caminos. Sólo diré que, en este sentido, la meditación, la contemplación, y los talleres de desarrollo personal me han ayudado mucho. La consciencia en la respiración, la oración -a mi manera- y la invocación de Daimoku me han ayudado mucho también. Pero es una búsqueda absolutamente personal, y muchas veces (casi siempre), un camino solitario.

Eso sí; te lo recomiendo. Es un súper viaje, constante, no llegas nunca; pero los paisajes son muy enriquecedores, bellos, intensos. Todos esos paisajes habitan en ti. Es como hacerse selfies del estado interior. No es mala idea, ¿no?

PD: Aquí hay un sinfín de libros para explorar. ¡Benditos sean los libros! ¡Benditos los humanos que han escrito libros! Muchos están en pdf en internet, así que no hay excusas.

Algunos de ellos:

El Buda en tu espejo (de Woody Hochswender, Ted Morino, Greg Martin)
El Alquimista (Paulo Coelho)
El Secreto (Rhonda Byrne) -también en película-
Deja de ser tú (Joe Dispenza)

Algunos hablan de búsqueda personal, otros de Budismo, otros de Física Cuántica. Pero en plan fácil, hasta yo lo he entendido. No como cuando quise leer a Stephen Hawking (genio, QEPD), que no entendí nada. Debo darle otra oportunidad.

Bueno. Basta de cháchara. Que me entusiasmo.
Vamos, ahora sí, al quid de la cuestión.

QUÉ ES LA GIMNASIA HIPOPRESIVA

La palabra hipopresivo, si la descomponemos en sus dos partes, significa: hipo (del griego hypo, significa, baja, poca) y presivo del francés, pressive, presión). Es decir, un ejercicio hipopresivo, es un ejercicio que disminuye la presión. Y te preguntarás... ¿Dónde disminuye la presión?... En el vientre. En realidad, disminuye en las tres cavidades: pelvis, abdomen y pecho.

Generalmente, cuando realizas cualquier tipo de ejercicio físico o entrenamiento, sea correr, levantar pesas, montar en bici, hacer abominables, perdón, abdominales, siempre estás aumentando la presión. Igual cuando te ríes, estornudas o toses (reís, estornudás o tosés).

Los culturistas ya lo hacían también para mostrar el desarrollo de su musculatura del tórax. Lo llamaban "vacío abdominal" o "vaccum". Sino, pregúntale a Arnold (Schwzagenezhgenegerrr). Eso. Arnold.

Hace unos cuantos años, los ejercicios hipopresivos estaban relegados al ámbito de fisioterapeutas, principalmente para especialistas en suelo pélvico. Se utilizaban básicamente para que las mujeres recupe -raran la salud del suelo pélvico y faja abdominal después de dar a luz. El precursor de estas técnicas es el Dr. Marcel Caufriez. Luego se ha extendido a nivel Fitness gracias a varios profesionales que han ido desarrollando estas técnicas, investigando, y llevando estos ejercicios tan beneficiosos al ámbito del fitness, haciendo de esto algo asequible y conocido para todos los colectivos. ¡Gracias!

Estas personas viven en España y son Piti Pinsach y Tamara Rial, creadores de **Low Pressure Fitness** junto con Camilo Villanueva, a quienes les agradezco súper infinitamente. Si los hubiese conocido antes, me hubiese ahorrado cientos de miles de abominables abdominales (yo era de las de 200 por día). Esto creó una pared abdominal tan trabajada, tensa, y fuerte, cero flexible, que me estalló en mi embarazo gemelar y me la tuvieron que coser. Desde entonces, tengo un ombligo Frankestein, aunque agradezco al cirujano porque ha hecho un excelente trabajo con mi faja abdominal que funciona muy bien.

Puedes ver más información sobre el trabajo de Piti, Tamara y Camilo, así como también adquirir libros, material de apoyo, ver videos, leer artículos, etc. en **www.lowpressurefitness.com** y en **www.fisioonline.com**

IMPORTANTE!!!
Repito que yo no soy profesional de la salud. Aconsejo esta práctica por mi experiencia personal. Pero siempre, siempre, debes acudir a profesionales. Y si tienes una lesión, o hipertensión, o un suelo pélvico débil, debes acudir además a profesionales de la salud, no sólo del Fitness.

LA FAJA ABDOMINAL

Continuamente, a lo largo de nuestra vida, con el tipo de ejercicio que hacemos, o si llevamos una vida sedentaria, o si tenemos malas posturas, lo que hacemos es entrenar a la faja abdominal para que vaya hacia afuera. Además vamos perdiendo estatura y se acentúan las curvas de la columna; todo tira hacia abajo. La gravedad nos vence. Y es implacable.

Con cada abdominal que haces, también le estás diciendo a tu faja abdominal: "Andá hacia afuera", "Vete hacia afuera", y así, cuando tiene que sujetar y hacer de faja, es decir, frente a un esfuerzo, o un aumento de presión, en vez de hacer de faja yendo hacia adentro, se va, muy obediente, hacia afuera. El resultado es que no tienes faja, no tienes protección y empezarás a tirar de otros sitios, principalmente de tu espalda baja. (Curiosamente, cuando pones "faja abdominal" en Google, aparecen miles de fotos de fajas que puedes comprar en la farmacia, no la que te ha regalado la Madre Naturaleza, compuesta de un engranaje de músculos y fascias, para tu sujeción y protección).

Sabes que tienes unos órganos internos: uretra, vejiga, útero -sólo si eres mujer, de momento-, recto y vísceras. Frente a un aumento de presión, todos estos órganos, bajan, empujan hacia abajo, provocando que el suelo pélvico también se debilite y se abombe, lo que luego traerá problemas de incontinencia (el pis se escapa) y prolapsos (caídas o descolgamientos de estos órganos).

Por eso, no es una pavadita, una tontuna. Hay que tomarse el entrenamiento de esta musculatura interna muy en serio, y hay que reprogramar la faja abdominal para que funcione bien, para que vuelva a ser virgen, sin vicios.

Si observas un niño -incluso mis hijos adolescentes-, y le ves toser o reír, verás que su fajita abdominal se mete hacia adentro, sujetando; su abdomen no se abomba como un globo. Como siempre, son los mejores maestros que podemos tener, porque recuerdan toda la información que incluso nosotros supimos traer de fábrica, y se nos ha ido olvidando o deformando con los años.

Al hacer un ejercicio hipopresivo, lo que sucede, es que el diafragma, que es un músculo en forma de cúpula que separa las cavidades del pecho y la del abdomen, tira hacia arriba provocando un vacío, como si fuera una aspiradora. Hace una succión, y trae todo para arriba: la musculatura, los órganos antes mencionados, el suelo pélvico, trabajando así la tonicidad de los músculos abdominales, sin que éstos se abomben (la tableta de chocolate, o el six-pack, es muy lindo de frente; pero de lado muestra un gran volumen. Mira los deportistas de élite, sobre todo las gimnastas: el 90% con perdidas de orina con menos de 25 años, y un perímetro de cintura brutal).

¿Por qué se llama faja abdominal?

Porque no es un sólo músculo; es un patchwork, formado por varios músculos que trabajan juntos. No trabajan los rectos del abdomen por un lado, los oblícuos por otro, el transverso por otro. Todo trabaja junto. Este es otro mito típico de gimnasio. De lo que se trata es de que todos hagan una adecuada sinergia, y ayuden al sostén y la protección de la columna y las vísceras.

¿Cómo sé si mi faja funciona bien?

Si te sujeta ante un esfuerzo, si se ciñe, funciona bien. Si sale, el abdomen se abulta, o lo que es peor, empuja hacia afuera, está mal y hay que re-programarla.

Puedes comprobarlo tumbándote boca arriba. Colocas tres dedos sobre el ombligo, luego los colocarás debajo, y haces una tos forzada, o un abdominal tradicional. Si tus dedos son expulsados hacia arriba, mal asunto. Pero no es irreversible. Depende de lo mucho que sean expulsados tus dedos hacia arriba, tendrás que trabajar más o menos hipopresivos para re-programar tu faja.

Cuando esté funcionando adecuadamente, notarás que se mete sola ante un esfuerzo, y te sujeta. No tienes que meterla conscientemente, como en Pilates, que estás apretando el transverso abdominal todo el tiempo hacia adentro (mete el ombligo), sino que es una auténtica ganga, porque se hace solo, sin esfuerzo y sin tener que pensar en ello. Es un reflejo, una vez que se ha re-programado.

Toda esta fiebre hipopresiva, ¿es como si de repente hubiésemos descubierto la pólvora?

No. No es algo nuevo. Los yoguis lo practican desde hace miles de años . Se llama Uddiyana Bandha. (Uddiyana: echar a volar, en sánscrito. Bandha: cerrar, retener, bloquear.) Los Bandhas serían como unas llaves y su objetivo es, a través de ciertas contracciones musculares, reenviar la energía a través del cuerpo.

Vamos a explicar un poco esto. Algunos de los beneficios de los que reza la Gimnasia Hipopresiva, son directamente obtenidos por esta práctica yóguica (vacío abdominal).

1. Se reduce el perímetro de cintura, no sólo porque los músculos abdominales se trabajan hacia adentro, contrariamente a los abdominales tradicionales. Sino porque se reduce el estómago, con la consecuente reducción del apetito e ingesta de calorías. Y porque tus vísceras se recolocan.
2. Además, la activación de los movimientos peristálticos en los intestinos, hace que mejore la evacuación (menos residuos en el cuerpo y menos hinchazón abdominal).

3. El Uddiyana Bandha incrementa el flujo sanguíneo a los órganos y elimina estancamientos venoso-linfáticos: ¡menos toxinas! Del estado de tu sistema linfático depende tu sistema inmunológico (tus defensas y resistencia a enfermedades).
4. Se activa el Sistema Parasimpático que relaja tus músculos y favorece los estiramientos.

De todos modos, si esto te interesa, te recomiendo consultar con expertos en Yoga. Yo no lo soy, incluso los propulsores de la gimnasia Hipopresiva no ahondan en estas prácticas yóguicas.

SUELO PÉLVICO y DIAFRAGMA

¿Por qué el suelo pélvico de la mujer es más frágil que el del hombre?

Para empezar, el suelo pélvico es mayormente tejido conectivo, puro colágeno, algunas fibras musculares presentes, mayormente el músculo elevador del ano, así que ya es más débil de por sí.

Pero parece que sólo las chicas tenemos que hacer hipopresivos para contrarrestar los efectos de los embarazos. No. Nosotras tenemos un suelo pélvico aún más frágil porque tenemos un agujero ahí debajo llamado vagina, entonces hay menos "tela" donde sujetar todo, y más posibilidades de que las cosas se escapen o se cuelen (prolapsos de vagina, de útero, de recto). Pero los chicos también tienen suelo pélvico. De hecho, trabajar los ejercicios hipopresivos, les dará además salud a sus próstatas y mejorará su función sexual. Amén de otros muchos beneficios posturales y respiratorios.

Al realizar ejercicios hipopresivos, le decimos a nuestra faja abdominal "sube y entra", o, en argentino, "andá hacia adentro y hacia arriba", de esta manera la reprogramamos y podremos contrarrestar los efectos de un mal uso, una mala programación, un mal entrenamiento, sedentarismo, malas posturas, la gravedad que nos tira para abajo... Cuando reprogramamos nuestra faja abdominal, son todas ventajas.

¿Y qué hay del diafragma?

Como dije antes, es un músculo en forma de cúpula que se extiende separando la cavidad del pecho de la del abdomen. Se inserta en esternón, algunas costillas y lumbares a través de dos pilares. Es decir, que no sólo interviene en la respiración, donde trabaja sinérgicamente (juntos) con músculos intercostales (los que abren y cierran la caja torácica), sino también en la postura. Es un músculo estabilizador.

Nos ayuda además en la eliminación de heces y orina, y al hacer de émbolo favorece la circulación de retorno. Trabajar el diafragma es importante por todo esto y para mejorar la capacidad respiratoria, la relajación y el rendimiento deportivo.

Si mi diafragma está muy tenso, no será tan eficiente y para el trabajo hipopresivo será difícil tirar de costillas para producir el vacío. Por eso debemos relajarlo antes de la práctica.

Para saber si está tenso, nos tumbamos otra vez boca arriba y vamos tocando el borde inferior de las costillas. Intentamos meter los dedos por debajo de las costillas. Si éstos no se meten nada, es que el diafragma está muy tenso, es como una pared. Poco a poco, con masaje suave, que puede ser con las manos o con pelotitas de masaje miofascial, y con respiraciones profundas, iremos consiguiendo un diafragma más relajado y eficiente.

También lo conseguiremos relajar con prácticas de meditación y todo lo que fomente la paz y tranquilidad.

BENEFICIOS DE LA GIMNASIA HIPOPRESIVA

1. Reduce el perímetro de cintura.
2. Mejora la postura.
3. Fortalece articulaciones.
4. Reprograma la faja abdominal.
5. Previene lesiones de espalda y hernias de todo tipo.
6. Alarga el cuerpo evitando la pérdida de estatura con la edad.
7. Fortalece suelo pélvico corrigiendo o evitando incontinencia y prolapsos.
8. Mejora la circulación de retorno.
9. Mejora el rendimiento deportivo.
10. Mejora la función sexual, al mejorar la circulación y el tono de los músculos de los órganos sexuales.
11. Previene la disfunción eréctil.
12. Mejora diástasis abdominal (separación de los rectos del abdomen)
13. Ayuda a la recolocación visceral.
14. Activa el metabolismo.
15. Mejora el tránsito intestinal.
16. Descomprime tu cuello, contrarrestando el efecto teléfono móvil.
17. Favorece la relajación.
18. Permite la segregación de hormonas de bienestar.
19. Mejora mucho la elongación, tocarás el suelo con las manos estirando las piernas. Llegarás mucho más lejos.
20. Te hace sonreír (para relajar la mandíbula y abrir más costillas), pero como efecto colateral le dice a tu cerebro que estás feliz.

Y seguro que descubriremos muchos beneficios más. :-)

Con esta práctica trabajaremos cadenas musculares (no el bíceps solito, o el tríceps, o los gemelos). Sino todos los músculos en cadena. Estas imágenes las saqué de internet, pero ilustran muy bien el concepto de cadena muscular, y cómo todo va unido.

CADENA ANTERIOR

Largo del cuello
Esterno-cleido-mastoideo
Escalenos
Fascia suspensora del diafragma
Diafragma
Psoas
Ilíaco
Pectíneo
Aductores pubianos
Tibial anterior
Extensores de los dedos

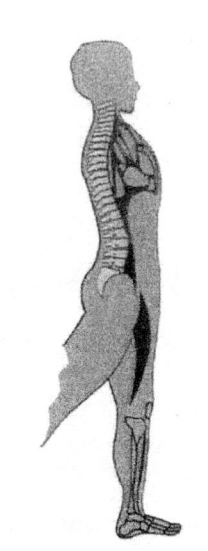

CADENA POSTERIOR

Espinales

Glúteo mayor profundo

Pelvitrocantéreos

Isquiotibiales

Poplíteo

Tríceps

Tibial posterior

Músculos plantares

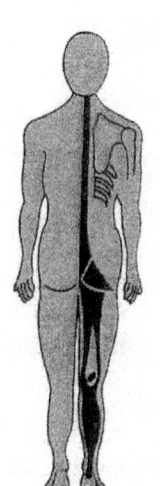

PAUTAS POSTURALES

Lo primero, antes de practicar, siempre, si tienes una lesión o una patología, debes consultar a un especialista. Yo no soy doctora, ni fisioterapeuta, ni siquiera Licenciada en Educación Física. Soy Licenciada en Ciencias Económicas, cantante y actriz. Con lo cual, no tienes que hacerme caso. Con este libro yo simplemente quise recopilar la información que he ido aprendiendo en España, y compartir la experiencia que he tenido con mis alumnos y con mi propio cuerpo. Por eso recomiendo esta práctica y contribuyo a su difusión.

Dicho esto, sólo por sentido común, sabemos que sólo aplicando unas adecuadas pautas posturales, no hay posibilidad de lesión alguna. Aquí se trata de alargar el eje del cuerpo, estirarse, crecer, liberar los discos intervertebrales, quitar peso a la columna, quitar peso al suelo pélvico, quitar presión al abdomen, dejar de empujar hacia afuera y hacia abajo. ¿Cuánto de malo puede haber en todo esto? Todos en cualquier situación pueden (y deberían) practicar esta parte de los ejercicios.

Distinto es cuando empezamos a hacer apneas respiratorias. Apnea es no respirar. Las apneas se pueden producir después de inspirar (mantenemos el aire dentro) o después de exhalar (sin aire). Estas últimas son las que practicaremos durante la sesión de Gimnasia Hipopresiva, para generar ese vacío, ese aspirador o vaccum, que elevará nuestra musculatura interna y la fortalecerá.

Según la situación de cada persona, habrá que preparar o entrenar la musculatura respiratoria antes de hacer apneas. Si padeces de hipertensión, tendrás que estar controlad@ por un especialista. Si practicas solo, sin un monitor que te enseñe y asista, al principio puedes hiperventilarte, marearte, agobiarte un poco. A mí nunca me pasó, pero depende del domino que tengas de tu respiración. ¿Sabes respirar? Hablaremos de esto más adelante cuando nos metamos a fondo con la respiración.

Tampoco debes practicar si estás embarazada. Estarás creando contracciones en el útero con la práctica. Sí puedes hacer las posturas, y trabajar la musculatura, pero no hacer vacíos abdominales y apneas.

Si tienes un proceso inflamatorio en el abdomen, porque tienes la menstruación, por alguna enfermedad crónica, o por otros motivos, ese día no practiques, estarás muy incómod@. A la larga te ayudará a normalizar la inflamación; pero en un día malo, mejor descansar.

Siempre es mejor practicar con el estómago vacío, beber agua de a sorbitos (no llenar la panza de agua) y practicar por la mañana, o si es por la tarde, no cerca de la hora de acostarse ya que la práctica activará tu metabolismo y te costará más dormirte.

POSTURITAS (seremos los reyes del postureo)

Empezaremos por construir el eje del cuerpo. Comenzaremos con las posturas de pie (bipedestación, o lo que es lo mismo, en dos patas/piernas).

LOS PIES

¿Cuál es la base? Los pies. Son tu raíz. Se agarran fuertemente al suelo y presionan hacia abajo. Esto hará que tengas la conciencia de estirarte siempre en direcciones opuestas: pies al suelo, cabeza al cielo.

Los pies irán paralelos, separados más o menos como el ancho de tus caderas (puedes medir con dos puños juntos entre pie y pie, o una mano extendida de manera transversal). Deditos abiertos, apoyando todo el pie. Pies alerta, en contacto. Son la base de la columna sobre la que vas a construir. Necesitarás buenos cimientos.

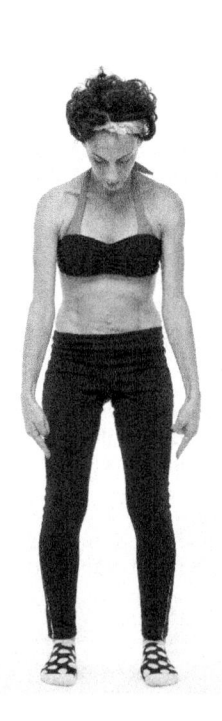

LAS RODILLAS

Nunca estarán bloqueadas. Estarán semi-flexionadas. No es tampoco una flexión cargando el peso sobre los muslos (cuádriceps). Simplemente, bloquea y suelta, y ahí encontrarás el punto exacto.

Los pies seguirán empujando el suelo. No por eso las rodillas se van a estirar y bloquear. Debes mantener la conciencia y la percepción de cada parte de tu cuerpo e ir controlando cada pieza del puzzle por separado. Así sacarás el mayor partido.

Continuamos construyendo esa columna, ese pilar.

LA PELVIS

Ahora la pelvis. Ésta debe estar en posición neutra, ni culito de pato hacia afuera ni retroversión de pelvis (pelvis hacia adelante, bloqueada).

Bascula (mueve hacia adelante y hacia atrás) la pelvis, juega con ella hasta que encuentres la posición más cómoda y natural.

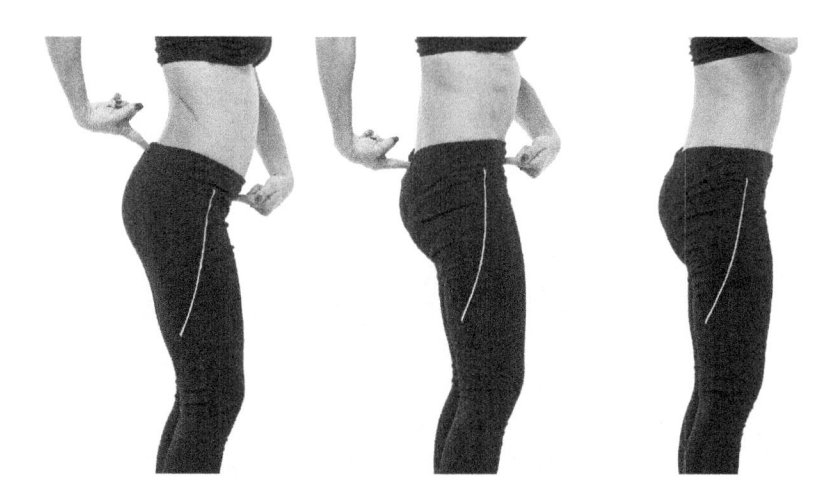

EL CUELLO

Ahora vamos a estirar el cuello. Ay, bendito sea. Siempre forzado, comprimido, mal colocado, con el móvil o teléfono celular, el ordenador o computadora (todo depende de si estás en España o América Latina), cuando conduces o manejas un auto, cuando lees en la cama. ¡Pobre cuello! Dale tregua. Estíralo.

Para conseguir sentir el estiramiento del cuello, ponte una mano detrás de la cabeza, en la zona abultadita, donde llevaría el gorrito el obispo (encima de la zona occipital, busca el mapa del cráneo en google).

Siente la mano detrás, y haz una ligera presión. Pero no lleves la cabeza atrás, sino tracciona tus cervicales hacia arriba.

Mira al frente, no mires hacia abajo, y piensa en que tu nariz quiere ir hacia el pecho (nariz tiende a esternón). Se te queda la cara un poco rara, es un gesto un poco friki al principio, luego irás ganando naturalidad y perdiendo tensión innecesaria. Muchas veces cuando empezamos a practicar, marcamos mucho este estiramiento produciendo una rectificación cervical (presionar el mentón hacia adentro del cuello). Las cervicales de esta manera se van poniendo en línea recta y van perdiendo su curvatura normal. No aconsejamos esto; simplemente busca crear un eje vertical de pies a coronilla, sin forzar ni bloquear ninguna parte en concreto.

Verás cómo se activa la musculatura del cuello (supercalifragilísticoespialidoso. No; perdón: esternocleidomastoideo).

**LAS ESCÁPULAS u OMÓPLATOS:
ACTIVACIÓN DE LA CINTURA ESCAPULAR**

¿Lo qué de qué?...

A ver. Vamos a hacerlo muy fácil. Los huesitos esos planos que tienes en la espalda, que son como alitas de angel, o, como dice mi hijo, alitas de pollo, esos. Esos huesos tienen que estar lo más planitos posible, como platos, y "fuera" del cuerpo. Es como si ensancharas la espalda al estilo Schwarzenegger (ahora lo escribí bien), activando a tope el dorsal ancho (los músculos más fuertes de la espalda, los que tienen tan desarrollados los patovicas o porteros de discoteca, y que no les deja juntar los brazos).

¿Estoy guapa, eh?

Una buena manera de practicar esto es juntando y separando escápulas apoyad@ en la pared o en un árbol o en un vecino o... Tú verás.

22

A este movimiento se le llama decoaptación escapular, y es como si el brazo quisiera salirse del hombro.

Yo les digo a mis alumnos, "cuélgate de la percha, luego empuja codos hacia afuera como si estuvieras en las rebajas (sale) y la de al lado te quisiera robar el jersey (sweater)", y tú le das un codazo.

Puedes encontrar esa sensación juntando escápulas y separando escápulas, hacia adentro y hacia afuera. Si empujas los codos hacia afuera lo notarás más. Los codos guían tus escápulas y hombros. Es como si salieran unos hilos de los codos hacia afuera y hacia arriba.

ESTIRAMIENTO DE TODO EL EJE DEL CUERPO (estiramiento axial)

Ahora estiraremos todo el eje de nuestro cuerpo hacia arriba. Querremos tocar el cielo con la coronilla. Al estirarnos hacia arriba, los pies empujan hacia abajo. Siempre actúan fuerzas opuestas. Notarás que creces un par de centímetros, y que toda tu musculatura se activa aunque tú no hagas fuerza conscientemente. Se activa tu faja abdominal (se mete un poco para adentro la panza por sí sola), se contraen glúteos (culete), isquiotibiales y cuádriceps (muslos por detrás y por delante) y gemelos (la musculatura de las pantorrillas). Y todo esto sin hacer prácticamente nada.

Sin pasarte mil horas levantando pesitas con las piernas, ni haciendo abdominales como un GEO (esos militares súper entrenados de las pelis). Sólo consigues esta activación de la musculatura, este tono muscular, estirándote y adoptando una buena postura. Usas tu propio peso y la fuerza de la gravedad.

¿No te parece maravilloso?

Otra cosa es que te encante masacrarte en el gimnasio o haciendo Cross Fit. O que quieras ganar volumen en tu musculatura. Sobre gustos no hay nada escrito. O que seas un deportista de élite y tengas que entrenar cierta musculatura y de cierta manera. Tendrás que hacer lo que haga falta. Pero contrarresta por favor esos futuros daños por aumento de presión, con muchos ejercicios hipopresivos.

LOS BRAZOS

Estira los brazos llevando los deditos de las manos hacia abajo como si quisieran tocar el suelo.

Esta sensación de que los brazos tiran hacia abajo, mientras la coronilla tira hacia arriba, es como si los brazos quieran salirse del cuerpo. La activación escapular abrirá tus costillas y les dará libertad a la hora de inhalar, exhalar y hacer apneas y aperturas costales.

Los brazos activos dejarán campo de acción para los dorsales y el movimiento de la caja torácica, a la par que los tonificas.

Por último haz una rotación interna de tus brazos para llevar las palmas hacia atrás. Siempre ten en cuenta que si hay una limitación natural o dolor, tienes que adaptar la pauta o ejercicio para que no te duela. No se trata de machacarse ni generar tensión. Esto no trae beneficios en ningún caso.

Los brazos estirados o semi flexionados (según te resulte más fácil para decoaptar las escápulas-colgarte de la percha-), con las manos abiertas, como remos, y tirando hacia afuera y hacia abajo. No hace falta que bloquees los codos, ya sabes que menos es más. No a la tensión; sí al tono.

Y ya por último, para tener la primera de las posturas parad@s sobre nuestros pies, llevarás todo el eje que has construido hacia adelante. De pies a cabeza todo en una línea recta. Ya no estarás perpendicular al suelo sino inclinad@ hacia adelante.

Tenemos la primera postura que Low Pressure Fitness ha dado en llamar: **VENUS**.

Pero no te asustes. ¿Todo esto y recién vamos por la primera?... ¿Cuántas son?... Tranquil@s.

Las pautas posturales se repiten igual en todos los ejercicios: pies firmes y paralelos, rodillas semi-flexionadas, pelvis neutra, eje estirado hacia arriba, cuello estirado, escápulas fuera de la caja torácica (decoaptadas), siempre alargando la musculatura tirando de fuerzas opuestas. Ya está.

Luego lo haremos de pie, sentados, de rodillas, tumbados, con pared, de manera simétrica, asimétrica, más arriba o más abajo, en el gimnasio, en casa, en la playa, en el subte (metro), pero las pautas serán siempre las mismas. Lo más importante es que percibas esta continuidad de tu eje, de pies a cabeza, trabajando los músculos en cadena.

LA RESPIRACIÓN

Volviendo a lo de antes, ¿sabes respirar?...

Parece lo más obvio del mundo, pero casi nadie sabe. La mayoría de personas, sobre todo en estos tiempos, corren (corremos) de aquí para allá, están (estamos) escindidos (divididos) entre el ahora y lo que tengo que hacer, esto genera ansiedad, y una respiración deficiente: muy alta, muy en el pecho, muy corta. Conclusión, nos llega poco oxígeno, tenemos que tomar aire más seguido, aceleramos nuestra respiración y generamos más ansiedad.

Aquí aprendemos a respirar correctamente y entrenamos los músculos asociados a la inspiración y espiración.

Se trata de respirar profundamente en la zona de las costillas, llenar los pulmones de aire. Como si dentro de mi cavidad torácica albergara un globo, ensancharemos la caja torácica, por delante, por los lados y por detrás. El diafragma se expandirá como un plato en todas direcciones.

En la exhalación, sólo dejaremos que las costillas se cierren. No haremos fuerza para cerrarlas, volverán a su ser lentamente. Generalmente, sobre todo al iniciar la práctica, inspiraremos en dos segundos y exhalaremos en cuatro segundos (frecuencia de respiración 2-4).

Inhalaremos por la nariz, abriendo las costillas en todas direcciones. Y exhalaremos por la boca, suavemente y sin forzar. Si queremos hacer un vacío más radical, soltaremos el aire como soplando un globo, pero luego hay que aflojar el abdomen, porque tenderá a ponerse duro.

Para comprobar que abres bien las costillas y expandes tu diafragma en todas direcciones, coloca tus manos alrededor de las costillas, con los pulgares hacia atrás. También puedes colocarte un cinturón elástico, faja o theraband o banda elástica atada alrededor de las costillas para hacer un poco de resistencia y tener esta percepción. Un fular o chalina hacen buen servicio.

La propiocepción (tu propia conciencia de lo que sientes, de lo que pasa en tu cuerpo), es una parte fundamental de la práctica de la Gimnasia Hipopersiva, o de cualquier práctica que comienzas.

Se define como propiocepción al sentido que informa al organismo de la posición de los músculos. Es la capacidad de sentir la posición relativa de partes corporales contiguas.

Al pensar en abrir costillas, también mandaremos la orden de subir el esternón, el huesito que está en el centro del pecho, ayudando a la expansión de la caja torácica.

Sólo nos vamos a limitar a inhalar en dos segundos y exhalar en cuatro segundos. Inhalamos abriendo bien costillas, exhalamos dejando que todo vuelva a la posición inicial.

Para producir el vacío abdominal, sólo le diremos al cuerpo que inspire abriendo del mismo modo las costillas, pero vamos a obstruir las vías de paso del aire para que no entre: cerrarás la glotis y bloquearás tus fosas nasales.

Al principio puedes hacer una pinza con los dedos y taparte la nariz. Luego bloquearás tus fosas nasales igual que cuando te metes en la piscina o pileta.

El cuerpo, al recibir la orden "inspira", abrirá costillas y el diafragma bajará. Al hacer lo mismo pero sin dejar paso al aire, abrirá costillas pero el diafragma subirá como un émbolo, tirando de todos los tejidos y órganos hacia arriba, como un gran aspirador.

Pues así se producen las apneas sin aire y el vaccum o vacío. No hay que meter la tripa, ni quedarse azul, ni apretar el ombligo dentro. No hay que hacer nada. Se hace solo. Se produce "mágicamente" al decirle al cuerpo que inspire y no dejarle meter aire. Sólo practicando esto, trabajas abdominales y músculos de la respiración.

¿Y el suelo pélvico? ¿Y la musculatura interna?

Algunas veces las alumnas me dicen, "no siento que trabaja el suelo pélvico". No es como cuando haces ejercicios de Kegel, no hay que apretar ni subir nada conscientemente. Créeme que se hace sólo. Al hacer el vacío, la musculatura interna está trabajando intensamente.

¿Cómo comprobarlo? Introduce un dedo en tu vagina y haz una apnea y vacío abdominal. No hay más que agregar (hazlo en casa; en el gimnasio quedará raro). Si lo practicas durante el coito, tu pareja puede servirte de testigo. Si eres chico, confía en que tu suelo pélvico está trabajando también. No seas hombre de poca fe.

RUTINA DE NIVEL I

VENUS Y ATENEA

Low Pressure Fitness ha creado una secuencia para que sea fácil memorizar la práctica, aprenderla y hacer las transiciones de una postura a otra. No quiere decir que si no ejecuto todas las posturas en este orden, no tendré resultados. Debes adaptarlo a tu vida diaria. ¿Que tienes veinte minutos? Haces la rutina entera. ¿Que tienes cinco? Elige dos posturas. ¿Que encuentro muy cargada la musculatura? Hago posturas tumbad@, o sólo posturas de descarga (ahora veremos cuáles son, pero básicamente aquellas en las que tienes la gravedad de aliada).

Siempre es mejor hacer un poco que nada. No ponerse excusas y encontrar beneficios en la práctica. Si tú no visualizas un beneficio real y tangible, preciso y definido, no lo harás.

Como ya sabes, la primera postura o el primer ejercicio de la serie es **VENUS**.

Repetimos todas las pautas posturales resumidas:

- pies paralelos separados al ancho de caderas
- ligera flexión de rodillas
- pelvis neutra
- crecemos hacia el techo
- estirando el cuello (nariz tiende a esternón)
- escápulas fuera del tronco
- dorsal ancho como Schwarzenegger
- brazos extendidos tienden hacia el suelo, como remos, con las manos planas con las palmas hacia atrás.
- inclinación del eje de pies a cabeza un poco hacia adelante.

Una vez que las tenemos, incorporamos la respiración.

Al principio siempre haremos tres respiraciones de reposo por cada apnea, y repetiremos cada ejercicio dos veces. Luego puedes disminuir las respiraciones de reposo y hacer inspiro-exhalo-inspiro-exhalo-apnea, y vuelta a empezar. Siempre inspiro en 2, exhalo en 4, soltando la tripa -la panza- justo antes de realizar la apnea y apertura de costillas. Es decir, al soltar todo el aire, afloja los abdominales. Aquí no tienes que hacer fuerza. El vacío se producirá sólo al ascender el diafragma.

Y luego cambiarás a la siguiente postura: **ATENEA**, que tiene tres posiciones de brazos diferentes, **baja, media y alta**.

Para pasar de una a otra, sólo vas a flexionar los brazos llevando los dedos de tus manos a los huesos de las caderas (las crestas ilíacas).

Debes empujar con los codos hacia afuera y con las manos hacia abajo, mientras que tu coronilla sigue tirando hacia el techo y tus pies al suelo.

Si tus escápulas tienden a querer juntarse, empuja más con los codos hacia afuera y lleva los dedos de las manos más afuera de las caderas.

Siempre los brazos harán un marco indestructible. Estén ahí abajo, en posición media o alta, siempre se mueven sin modificar la posición de hombros, escápulas, codos ni manos.

Sigue siempre traccionando con toda la musculatura a lo largo del eje, estirándote, creciendo, mientras realizas las posturas, las transiciones, las respiraciones y las apneas respiratorias. Esto no descansa nunca; siempre debes mantener cierto tono en toda la musculatura.

Procura adoptar un tono (no tensión) que puedas sostener alrededor de 25 minutos. Tú sabrás notar cuando te estás pasando porque te sentirás sobrecargad@, sobre todo en la musculatura de la espalda, hombros y cuello.

Este ejercicio con brazos en posición media, es ideal practicarlo contra la pared para poder inclinar más el eje, tener resistencia en manos, poder abrir más las escápulas y tirar más los codos hacia afuera.

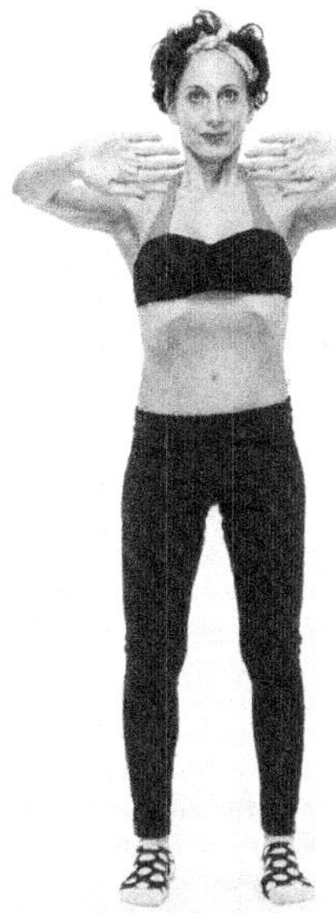
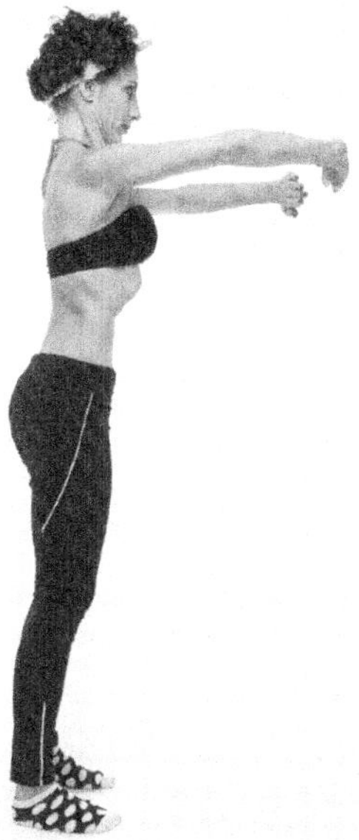
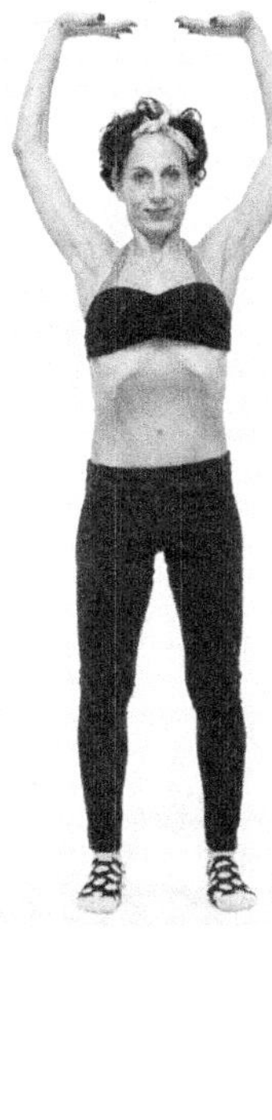
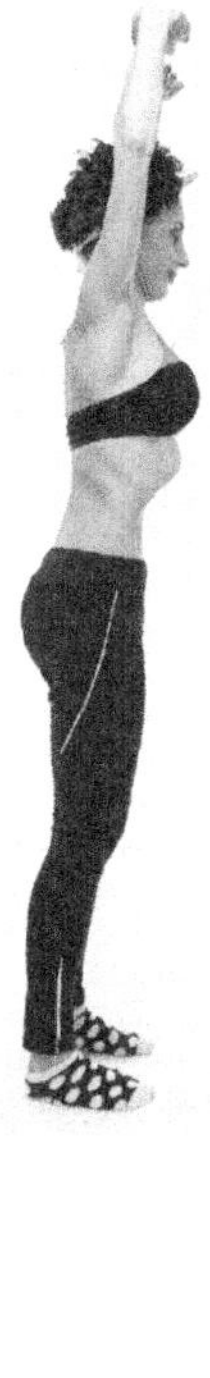

ARTEMISA

Para hacer Artemisa, primera postura de descarga de esta serie, porque vamos hacia abajo con el torso, iremos bajando redondito y flexionando un poco más las rodillas hasta apoyar la parte mullida de la mano sobre los muslos justo encima de las rodillas.

Las manos estarán apoyadas hacia adentro, los dedos se miran entre sí. Las escápulas siguen tirando hacia afuera, al igual que los codos. El eje del cuerpo se sigue elongando desde los isquiones (huesitos del culete) hasta la coronilla. El mentón irá en Artemisa más hacia el pecho, estirando cervicales.

En esta primera instancia, puedes hacer Artemisa con la espalda más recta o más curvada. No rectifiques pelvis ni te cierres demasiado en la postura, como un caracol, porque no podrás abrir las costillas.

Recréate en esta postura de descarga; verás cómo se produce un vacío mucho más impresionante.

AURA

Es como ATENEA, pero tu raíz, la base de esa columna o pilar que construyes, está ahora en tus rodillas.

Flexionas una rodilla, luego otra, creces desde las rodillas hasta la coronilla. Los pies están flexionados y activos, apoyando los dedos. La pelvis neutra y el cuello estirado; la nariz tiende al esternón.

Te cuelgas de la percha para sacar escápulas afuera, colocas los brazos como en VENUS, estirados, a los lados del cuerpo, algo separados, las palmas miran hacia atrás y los dedos de las manos tiran hacia abajo.

Los brazos y manos son como remos, aunque no tienes que bloquear los codos. Inclinas un poco el eje de tu cuerpo hacia adelante, sujetándote con glúteos e isquiotibiales (músculos en la parte posterior de los muslos). Pareces un mascarón de proa.

Y ya estás en **AURA**.

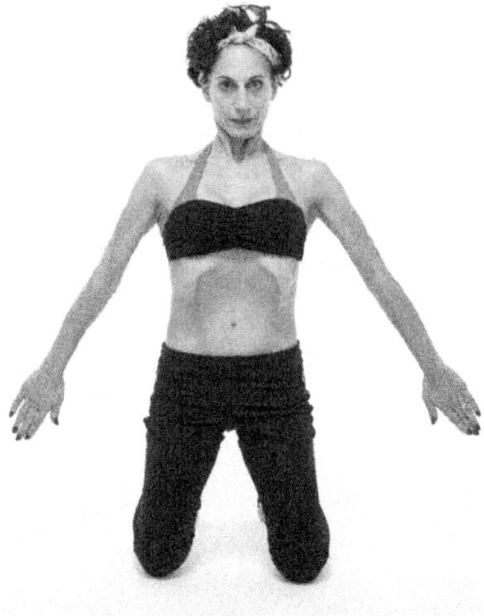

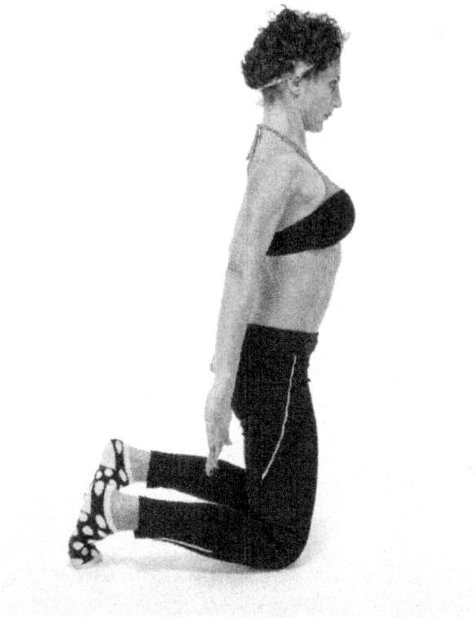

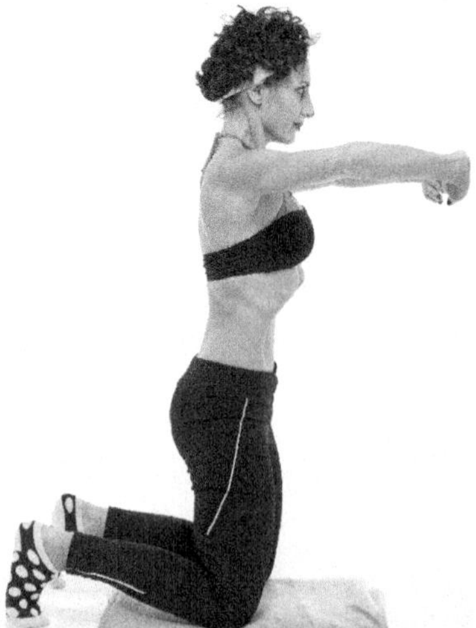

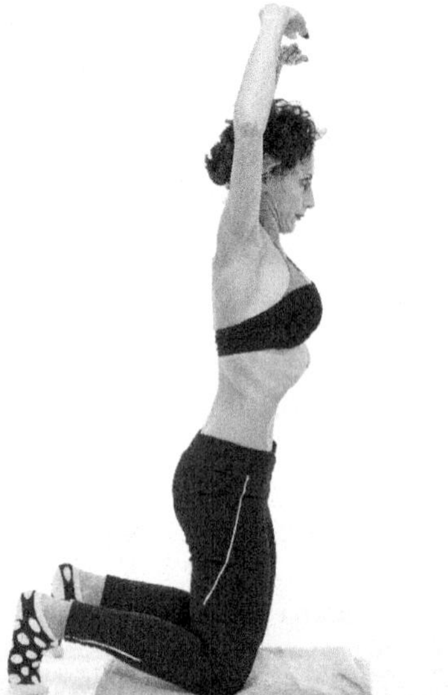

Luego llevas las manos a la altura de los huesos de las caderas, con los dedos hacia las crestas ilíacas, los codos flexionados hacia afuera, tirando hacia afuera. Ésta es la postura baja de brazos. Luego pasas a la postura media (como si empujases una pared frontal) y la alta (como si sujetases un techo).

Siempre debes estirarte. Sentir las cadenas musculares trabajando juntas y en extensión, alargando y alerta, la musculatura activa de pies a cabeza, pero no con una tensión incómoda.

Puedes hacer AURA frente a una pared, o con pareja. Así podrás sentir más la inclinación del eje.

Si las rodillas te molestan, puedes colocar una toalla doblada debajo, o una almohadilla, o doblar la colchoneta.

De frente se ve así:

MAYA

Ahora otra postura de descarga. Siempre procuraremos alternar una de carga con una de descarga, o dos por una.

Puedes continuar apoyando las rodillas en una superficie más mullida.

Maya es otra posición de descarga. En lugar de llevar el eje hacia arriba, nos tumbamos hacia adelante. Pero, toda la musculatura sigue el eje de la columna y se está estirando permanentemente.

Los pies no se modifican. Bajas redondit@ como adorando al sol. Apoyas antebrazos y manos. Las manos se miran entre sí, los dedos en contacto formando un triangulito con índices y pulgares. Los codos van hacia afuera y tus escápulas siguen conectadas hacia afuera también trabajando los músculos dorsales.

Los muslos (fémures) perpendiculares al suelo. Comprueba esto viendo tus caderas en línea con tus rodillas.

Estiras la espalda y apoyas la frente en el triangulito formado por las manos. Puedes hacerlo con la frente apoyada pero haciendo fuerza con los brazos, sin echar peso en las cervicales.

Luego hazla separando un poco la frente del suelo haciendo fuerza con los brazos, rechazando el suelo. El mentón tiende al pecho ligeramente, sin estrangular la garganta, elongando cervicales.

Posteriormente, haremos otra postura de Maya con la espalda más redondeada, la coronilla tendiendo al suelo en lugar de la frente, y los antebrazos y manos paralelos entre sí.

Prueba de estas Mayas la que mejor y más fácil te resulte al principio. Vete alternando. Disfruta el vacío espectacular que se produce en Maya, como en muchas posturas de descarga.

Ya sabes, una vez construída la postura, incorporas la respiración.
Inhalo (I) - Exhalo (E) - vacío abdominal con apertura de costillas -
I
E
I
E (dos veces con normalidad para descansar) y repito el ciclo.

Generalmente haremos dos respiraciones de reposo entre apnea y vacío abdomninal. Aunque al iniciar la práctica es mejor hacer tres.

GAIA

Gaia es prima hermana de Maya, pero trabajarás más tus brazos. También estarás en cuadrupedia (cuatro patas).

Donde tienes los codos, colocas las manos, apoyadas, mirando los dedos hacia adentro, con las muñecas rotadas, los codos hacia afuera, escápulas fuera del tronco, dorsales activos, estirando el cuello (nariz tiende a esternón).

Uf, ¿son muchas cosas?... Haz las transiciones un par de veces y luego ya se te graban. Son muy naturales y nada forzadas.

Misma posición para muslos y para pies. Siempre elongando el eje del cuerpo.

HESTIA

Para llegar a Hestia, que es la serie de posturas sentad@s, simplemente cruzas las piernas y te dejas caer hacia atrás, hasta que los huesitos de tu culete toquen el suelo o la colchoneta. Ahora construirás tu eje desde los isquiones, como la base de tu pilar.

Isquiones activos tirarán hacia el suelo, coronilla tirará al cielo. Creces. Nariz tiende al pecho estirando el cuello. Pelvis neutra. Te cuelgas de la percha, ensanchando tus dorsales. Aprovechas y anclas tus manos en los muslos, empujando hacia las piernas y los codos hacia afuera, como siempre.

1

3

Si te cuesta mucho estar con las piernas cruzadas, lleva ambas piernas hacia adelante semi-flexionadas y con los pies paralelos activando los pies para que trabajen los músculos tibiales (parte delantera baja de la pierna). Ahora te muestro las pautas posturales de HESTIA con piernas adelante.

Si no puedes sentarte erguid@, hazlo apoyando la espalda en la pared, hasta que poco a poco lo consigas. También puedes ponerte una pequeña alza en el culete para favorecer la adecuada postura de tu pelvis y permitirte estirar el eje de tu cuerpo.

La parte mullida de las manos irá sobre los muslos, la cara interna, casi a la altura de las rodillas. Las manos estarán activas, con los dedos hacia adentro también activos. Si aflojas manos no tienes un buen apoyo, y se desconectan tus codos y escápulas :-(

Una vez que tienes la postura, harás las tres posiciones de brazos, sin modificar codos ni escápulas. Recuerda que tus brazos hacen un marco que siempre es igual.

Harás dos o tres repeticiones de cada postura según el tiempo de práctica que lleves, los resultados que quieras obtener, o si estás haciendo una rutina más larga o más corta.

Siempre digo lo mismo; no hay que hacer la rutina entera, ni siempre hay que hacerla igual. Simplemente es una manera de aprender los movimientos, memorizarlos, conseguir unas transiciones fáciles, etc.

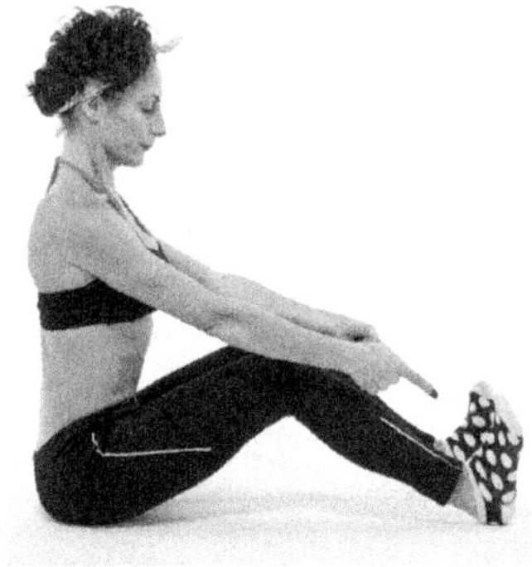
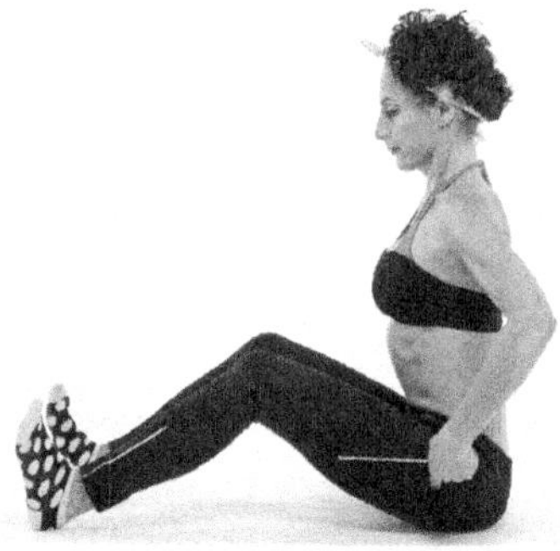
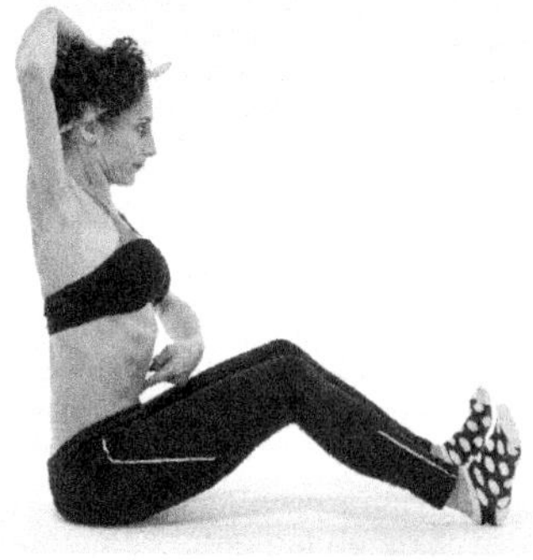
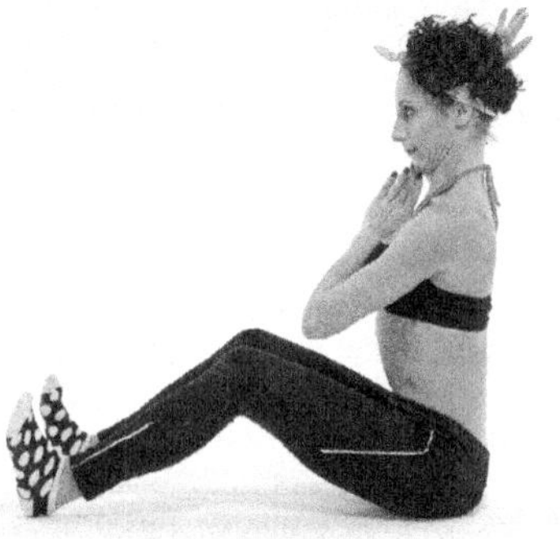
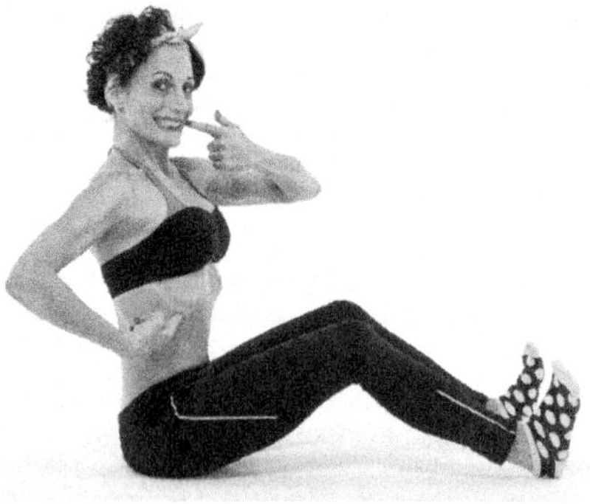

Puedes adaptar la rutina a tus necesidades, tu tiempo, el lugar en donde estés. Si estás tumbad@ en la playa, o al despertarte por la mañana, igual decides hacer DEMÉTER, porque ese día estás más cansad@ y decides no entrenar.. Por lo menos algo te llevas hecho.

Siempre será mejor hacer poco que nada. Siempre podrás trabajar pautas posturales solas. O la respiración. O ambas cosas a la vez, como proponemos en las rutinas.

44

DEMÉTER

¡Qué gustito! Nos vamos al suelo.

Verás aquí cómo se expande aún más tu caja torácica. Las costillas se abren con mayor libertad. Los vacíos abdominales son mucho más espectaculares. El diafragma está más relajado.

Es una buena postura para empezar si la mayor resistencia que encuentras es la apertura de costillas o la resistencia o carga que ejerce sobre ti la gravedad. Si te cargas mucho de tensión al principio en las posturas con eje vertical, Deméter es la mejor opción.

Pero ¡ojo! Que estés tumbad@ no significa que estemos como un saco de papas/patatas tirados. Tenemos que construir el mismo eje, y alargar constantemente el cuerpo, sin tensión pero alerta, y siempre estirándonos. Es un eje horizontal con buen tono muscular.

Conservaremos las pautas posturales, pero ahora tumbad@s.

Pies paralelos, ancho de caderas. Rodillas semiflexionadas

Pelvis neutra (no retroversión; tampoco una excesiva curva lumbar)

Estiro cuello, mentón tiende al pecho (no hace fuerza contra el pecho; no debes sentir ahogo, sólo estiramiento del cuello)

Hombros separados de las orejas y escápulas fuera del cuerpo (te cuelgas de la percha).

Abro costillas al inspirar (sonreír ayuda).

47

Ejecuto las mismas posiciones que en Venus: brazos a los lados como remos, luego marco con los brazos, postura baja (crestas ilíacas), postura media (como empujando un techo bajito) y postura alta (como empujando una pared detrás de mi cabeza).

Siempre estarán las manos rotadas hacia adentro con los codos hacia afuera y escápulas decoaptadas (sí, lo sé, soy un pelín repetitiva en este aspecto).

Notarás un gran vacío abdominal en Demeter gracias a la libertad del diafragma y las costillas y a la reducción de la carga visceral. Y eso es ¡FANTÁSTICO!

Continuemos con las posturas cambiando la posición de los brazos, sin modificar ni manos, ni codos, ni escápulas, ni nada de nada más.

Aquí habremos terminado todas las posturas de nivel I, llamadas así, como dije antes, para que podamos aprenderlas con facilidad.

Son todas posturas simétricas (los dos lados se trabajan al mismo tiempo e iguales) y son todos además ejercicios estáticos.

Luego veremos que esto puede variar. Las posturas pueden ser asimétricas, las respiraciones pueden producirse en movimiento (de brazos y/o piernas) y las apneas también.

Por supuesto, a mayor movimiento, necesitaré más oxígeno. Así que al principio, si en una postura estática conseguimos apneas de diez segundos, no es extraño que al meter movimiento, aguantemos cuatro segundos.

Todo esto es entrenable.

Si realizamos estos ejercicios, tres veces por semana, durante un mes y medio, nuestra faja abdominal debería re-programarse. Así lo he comprobado yo, y aún en menos tiempo.

Es ideal si podemos hacer la rutina entera, dos o tres veces por semana, durante 6 semanas para conseguir este resultado. ¡Es milagroso!

Los beneficios posturales, respiratorios y reducción de cintura se notan rápidamente también. ¡A por ello!

ESTIRAMIENTOS SUGERIDOS PARA DESPUÉS DE LA PRÁCTICA

Puedes hacer trocitos de la rutina: un día de pie, un día tumbad@, un día sentad@, un día de rodillas. Siempre procura calentar un poco antes y estirar un poco después.

Te propongo ahora una serie de estiramientos que te vendrán muy bien, sobre todo cuando empieces a practicar, ya que solemos poner mucha más tensión de la necesaria al principio. Esto de mantener posturas parece cosa fácil pero no lo es.

Siempre permanece tumbad@ unos minutos, respirando con normalidad para relajarte.

RE-LÁ-JA-TE.
RE-LA-JA-TE.
RE-LAX

Incorpórate lentamente por el lado derecho. Procura no hacer un abdominal tradicional para incorporarte.

ESTIRAMIENTO DE CUELLO

Cuando vayas hacia atrás, cuidado con las cervicales. Nunca fuerces, y abre la boca. Puedes hacer rotaciones del cuello si lo necesitas; todo lo que sea movilizar suavemente va muy bien.

ESTIRAMIENTO DE BRAZOS

Siempre acompaña tus estiramientos con respiraciones profundas. A la hora de mantener la postura alargando el músculo, debes ir soltando aire.

Siempre mantén cada estiramiento al menos treinta segundos.

Sabes que son sólo sugerencias. Puedes estirarte como te dé la gana. El cuerpo es sabio y te pide lo que necesita. Escúchale.

ESTIRAMIENTO DE PIERNAS

Estira la parte posterior de las piernas, traccionando un poco los pies hacia la cara.

Puedes luego relajar esa fuerza de tracción y dejarte caer hacia adelante aflojando la espalda.

Puedes llevar manos hacia atrás y relajar las escápulas. Suelta el cuello, la cabeza cuelga pesada.

Si quieres intensificar el estiramiento de la parte posterior de las piernas (isquiotibiales y gemelos), puedes colocar un pie flexionado sobre otro, y luego cambiar.

Para estirar la parte delantera de la pierna, cuádriceps y psoas ilíaco, túmbate un poco hacia atrás y flexiona las piernas alternadamente.

Para estirar los glúteos y el piramidal, flexiona una pierna sobre la otra y tráelas hacia el pecho. También puedes estirar la pierna de debajo y llevarla al techo.

POSICIÓN DE DESCANSO

Luego quédate un ratito en la posición de descanso de la espalda.

Te incorporas lentamente. Lo último en subir es la cabeza para no marearte.

Nos vemos con más ejercicios en la segunda parte. Practica esto primero un tiempo, luego avanzas. Puedes medir tu perímetro de cintura antes y después de un mes de práctica. También valorar el estado de tu faja abdominal y tu elongación. Encuentra un beneficio real que te motive. Tiene que ser un beneficio específico. Y sobre todo, disfruta.

SEGUNDA PARTE

REPASO DE PAUTAS POSTURALES.
RESPIRACIONES DINÁMICAS.
ASIMETRÍAS DE BRAZOS Y PIERNAS.
APNEAS MÁS LARGAS.
RUTINA DE NIVEL 2.

REPASO DE PAUTAS POSTURALES

Si estás leyendo esta segunda parte es porque te has hecho hipofan. ¡Enhorabuena! Si no es así, por lo menos eres curioso, y quizás te vayas animando a más. Si no leíste la primera parte, ¡STOP! Igual será mejor que la leas primero :-) y practiques las rutinas de nivel 1.

Yo recuerdo que cuando realicé la formación de nivel 2 de Gimnasia Hipopresiva con Low Pressure Fitness, me quedé loca con todas las posibilidades de entrenamiento. Todo se hace más flexible, adaptable y cobra sentido. Se puede avanzar siempre en el entrenamiento una vez que pones movimiento. Así que, si ya era hipofan, me transformé en hipofan y embajadora de la Gimnasia Hipopresiva. Vamos a comenzar.

Lo primero que vamos a hacer es recordar muy brevemente las pautas posturales de VENUS, que luego llevaremos a todas las demás posturas. Siempre trabajamos traccionando nuestro cuerpo en direcciones opuestas, provocando un estiramiento total de nuestro eje (estiramiento axial).

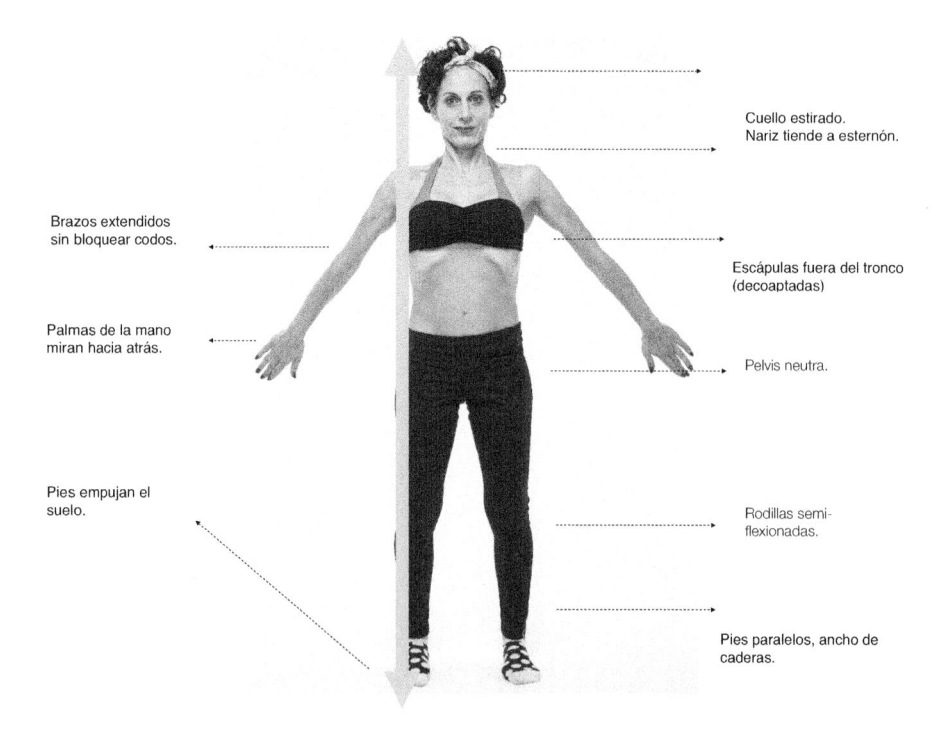

Cuello estirado.
Nariz tiende a esternón.

Brazos extendidos sin bloquear codos.

Escápulas fuera del tronco (decoaptadas)

Palmas de la mano miran hacia atrás.

Pelvis neutra.

Pies empujan el suelo.

Rodillas semi-flexionadas.

Pies paralelos, ancho de caderas.

RESPIRACIONES DINÁMICAS

Comenzaremos agregando movimiento a la inspiración y exhalación.

Una vez en VENUS, tomaremos aire elevando los brazos, haciendo una rotación de las manos hacia afuera. Llegaremos al máximo de la apertura de costillas, y exhalaremos bajando los brazos y volviendo a hacer la rotación interna.

Lo mismo haremos en ATENEA. Favoreceremos la apertura costal, la activación de las escápulas y la consciencia del trabajo del dorsal ancho y el serrato (músculo que se inserta en las costillas).

Una vez hemos expulsado el aire, haremos la apnea, de momento, estática.

Estas respiraciones dinámicas, las podemos meter en VENUS y ATENEA, realizando las apneas cada vez más largas. Y en el resto de posturas de pie.

También, por qué no, en AURA o HESTIA.

También podemos realizar las respiraciones estáticas y hacer estos movimientos de brazos durante la apnea. Recuerda que siempre que haya movimiento, necesitarás más oxígeno, así que la apnea notarás que al principio es mas corta e inhalarás desesperadamente. Esto irá mejorando con la práctica.

NUEVAS POSTURAS

Las nuevas posturas que propone la practica de nivel II, tienen que ver, no sólo con la posibilidad de hacer respiraciones y apneas dinámicas, sino también con la ejecución de posturas asimétricas, trabajando cadenas musculares cruzadas. Además, en algunas posturas podremos aumentar la carga muscular, donde trabajarás más intensamente con tu propio peso.

Veamos esas posturas y algunas variantes.

FREYA

Llevaremos una pierna hacia atrás, dejando la nariz delante. O bien, llevaremos una pierna adelante, como si al inclinar el eje fuéramos a perder el equilibrio. Lo que buscamos es la máxima inclinación del eje trabajando intensamente muslos y glúteos. Debe haber una línea recta entre el pie que está detrás y la coronilla. Y toda la musculatura se alarga en direcciones opuestas.

Puedo inspirar en ATENEA, y al exhalar llevar la pierna adelante o atrás para construir FREYA. Luego realizo la apnea. Para volver al eje hago lo mismo.

Estamos en FREYA con posición baja de brazos. Puedes hacer toda la secuencia de brazos con una respiración de reposo o dos entre cada una, o bien, realizar el vacío abdominal en la posición baja y hacer todo el recorrido de brazos en apnea (apnea dinámica). Inspiro, vuelvo al eje y exhalando llevo la otra pierna adelante o atrás y vuelvo a FREYA.

Harás las tres posiciones de brazos en FREYA también. Poquito a poco. Primero construir bien el eje. Después incorporar la respiración. Después ir probando las diferentes posiciones de brazos. Puedes practicar FREYA en la pared o con un compañer@.

Aquí podría ir incluso más adelante con el pie, cargando más la pierna flexionada. Vete aumentando el ángulo gradualmente, pero, siempre procura pensar en crear un único eje del talón que está atrás hasta la coronilla: una línea recta.También puedes crear asimetrías con los brazos. ¡Y recuerda cambiar de pierna!

Y como siempre digo, puedes llevar a FREYA y al resto de las diosas allá donde vayas.

63

PERSÉFONE

¡Por fin unas escuadras para tonificar esos muslos y glúteos! ¡Vamos a ponernos cañón! Es la última postura de carga de pie. Es la más exigente. Procura ir doblando las rodillas a medida que tengas mayor fuerza y resistencia. El objetivo es que las rodillas estén dobladas en ángulo recto. Pero poco a poco.

Adelantas una pierna, manteniendo el eje de tu cuerpo en línea recta, desde la rodilla que está abajo, hasta la coronilla.

Primero baja poco, para no cargar demasiado. Luego con la practica irás buscando el ángulo recto de ambas piernas.

Procura mantener las caderas alineadas, el fémur perpendicular al suelo y el tronco también, erguido, recto.

Cuando lleves mucha práctica, podrás realizar las apneas en movimiento (apneas dinámicas). Es decir, inspiras-exhalas-apnea y en apnea vas a PERSÉFONE. Regresas al eje en ATENEA, inspiras, etc. Repites el ciclo. Puedes hacer las apneas en cada posición de brazos, y todo el recorrido completo con una sola apnea.

Requiere de mucha concentración y verás que es mucho más exigente para tu capacidad respiratoria también. ¡Un buen reto!

Luego te tocará cambiar de pierna. O, mejor si vas alternando una y otra pierna al ejecutar las repeticiones.

Al principio, con una PERSÉFONE que hagas en cada posición de brazos con cada pierna, vale. En total son tres escuadras por pierna.

Luego puedes hacer doblete: dos de cada posición de brazos, con cada pierna. Y ya para mayor exigencia, hacer todos los cambios de brazos con una sola apnea, y repetir tres veces con cada pierna.

¡Esto no tiene límites!

Y ¡cambiamos de pierna!

ARTEMISA

Después de hacer varias repeticiones de PERSÉFONE, cambiando de pierna, y alternando brazos en distintas posiciones, incluso creando asimetrías de brazos, estaremos necesitando una postura de descarga.

Recordaremos cómo se construye ARTEMISA.

Partes de tu eje, bajando redondead@ hasta apoyar la parte mullidita de las manos sobre los muslos justo encima de las rodillas, con codos hacia afuera y manos activas hacia adentro.

Iremos extendiendo cervicales, mentón siempre tenderá al pecho, pero sin forzar.

Luego iremos bajando las manos por las piernas, manteniendo la elongación de todo nuestro eje. Hazte la idea de que los huesitos del culete quieren tocar el techo.

Una vez ahí, llevo las manos al suelo, adelantando el eje (GRADUALMENTE).

No colapsaremos el torso sobre las piernas. Imagina que hay un globo entre tus muslos y pecho, y no puedes explotarlo. Por eso el eje se sigue estirando, pies al suelo y coronilla al suelo, dibujando un arco y respetando el aire entre piernas y pecho. ¡Y el coxis tira hacia el techo!

A medida que practiques, podrás ir estirando más las rodillas ya que irás ganando flexibilidad.

Una vez conseguida mi postura máxima, incorporaremos la respiración, apnea y vacío abdominal.

AURA

Una vez realizadas dos o tres repeticiones, haremos la transición a **AURA**.

AURA no cambia con respecto a Nivel 1. Lo que puedes hacer es aumentar la resistencia. Esta postura nos sirve como transición de las posturas de bipedestación (de pie) a las de cuadrupedia (cuatro patas).

Para agregar dificultad, podemos hacer las tres posiciones con un compañer@ sujetándonos de los talones. Trabajaremos fuertemente los isquiotibiales (parte posterior del muslo).

Si la ejecutas contra una pared o con un compañero, harás más fuerza con los brazos y también podrás inclinar más el eje.

Si alguien sujeta tus pies y pantorrillas, trabajas las piernas más fuerte.

MAYA

La propuesta para este nivel intermedio, es que desarrolles asimetrías de brazos y piernas.

Como un perrito andando a cuatro patas: adelantas mano derecha y rodilla izquierda, y vas cambiando.

Siempre mantendrás las pautas posturales: un fuerte marco con codos y hombros, escápulas fuera, dorsal trabajando, y fuerzas opuestas estirándote de coxis a coronilla ó de pie a coronilla.

Avanza pierna izquierda

Avanza mano derecha

Llévala de paseo. También puedes extender una pierna detrás, y luego elevarla, trabajando fuertemente los glúteos.

Empuja con el talón hacia atrás y con la coronilla hacia adelante. Siempre nos estiramos. Luego cambiamos de pierna.

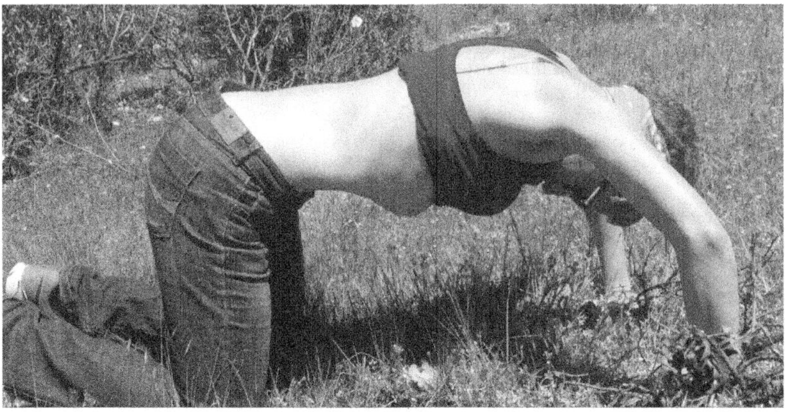

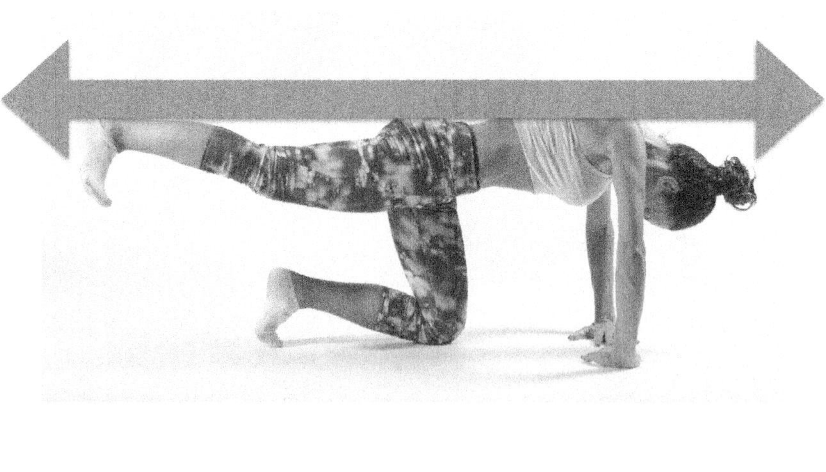

GAIA

Haremos una versión de GAIA llevando las caderas hacia arriba. Se parece un poco a una pirámide, pero no olvides mantener tus hombros en posición. No pueden pegarse a las orejas, las escápulas cerrarse, etc. Hay que traccionar toda la musculatura para mantenerla en posición.

Una vez que tienes la postura, incorporas la respiración, apnea y vacío abdominal con apertura de costillas. Siempre pasito a pasito (como dice la canción más escuchada del milenio).

También puedes avanzar alternadamente con manos y pies, creando asimetrías. Así tendrás que estirarte más y trabajarás las cadenas musculares cruzadas.

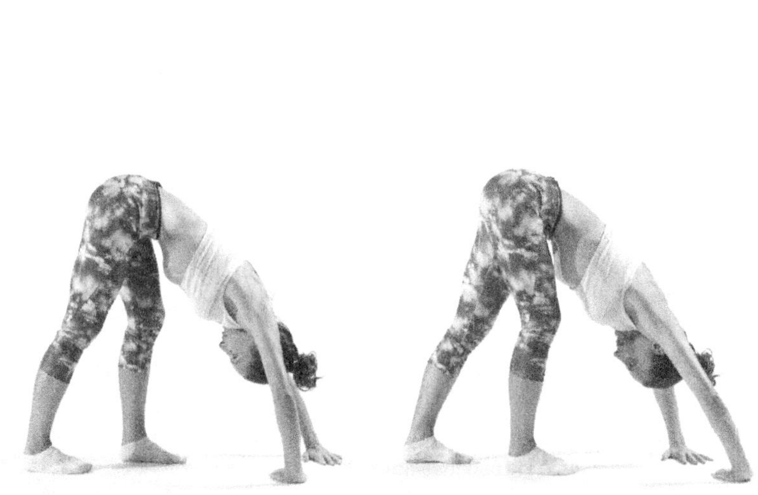

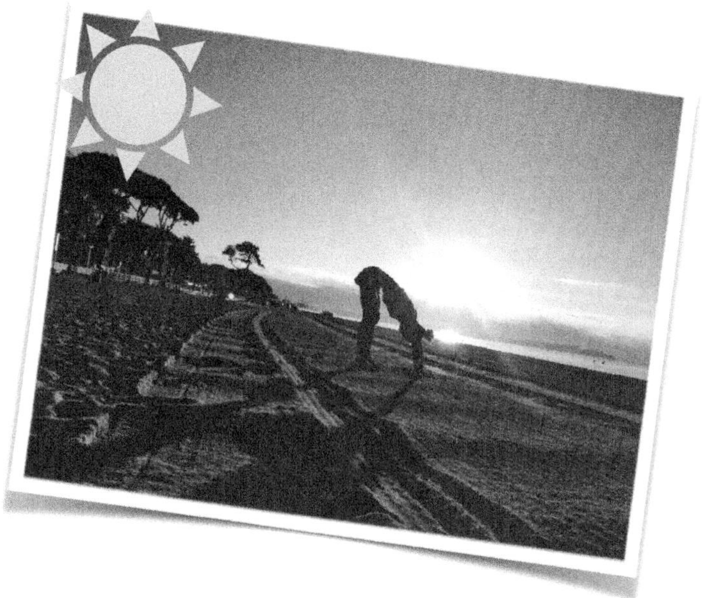

ISIS

Haremos ahora una postura que deriva de MAYA y se llama **ISIS**.

No teníamos esta postura en la rutina de nivel 1.

Aquí estiraremos los brazos y hombros. Tocaremos con la frente el suelo, aunque levemente. La mayor cantidad de peso deben llevarla los brazos, sino podemos hacernos daño en el cuello. Estírate en profundidad. Una vez que tengas la postura, incorpora las pautas respiratorias.

Puedes estirar los dedos de las manos hacia arriba para estirar los nervios de los brazos (neurodinámica, opción que veremos en profundidad en la tercera parte).

Regresarás haciendo fuerza con los brazos para proteger el cuello, y te sentarás sobre talones.

Ejemplo: GAIA en la PLAIA. :-)

Hacemos la transición a **HESTIA**, suponiendo que estás haciendo la rutina completa.

74

HESTIA

En esta postura estamos sentad@s. Recuerda crecer desde los huesos del culete (isquiones), hacia el cielo. Siempre estás estirándote. No descanses pesad@ sobre tu trasero.

La pelvis está neutra y la columna estirada.

Si necesitas elevar la pelvis, coloca un cojín -almohadón-, o cuña.
Si necesitas un soporte para la espalda, haz la postura contra la pared.
Si te incomodan las piernas paralelas, ábrelas hacia los lados.
Activa en lo posible tus pies flexionándolos (pies en flex).

Luego haz las diferentes posiciones de brazos: baja (ánclate en los muslos), media y alta.

Puedes también crear asimetrías de brazos, estirándote de manera cruzada al máximo. Y puedes hacer con ambas manos entrelazadas una tracción cervical, dándole al cuello un gran alivio en el estiramiento.

DEMÉTER

Y nos vamos al suelo para hacer la versión 2 de **DEMÉTER**.

Vamos a crear asimetrías. Veréis que el trabajo de la musculatura interna se intensifica.

Para la primera de ellas, colocamos pierna derecha sobre pierna izquierda, ambas estiradas sin bloquear rodillas y con los pies activos, deditos mirando hacia el techo. Luego las manos irán al revés. Si la pierna derecha está encima de la izquierda, coloco la mano izquierda sobre la derecha, las palmas rotadas hacia afuera, como empujando una pared imaginaria por detrás de la cabeza.

El mentón tiende al pecho estirando cervicales, la pelvis está neutra.

Aquí sumaremos los ejercicios respiratorios (inhalo, abro bien costillas y elevo esternón, al exhalar dejo que el aire salga naturalmente cerrándose como consecuencia las costillas, inhalo en 2 y exhalo en 4, me vacío por completo, realizo la apnea, abro costillas, tiro hacia afuera y esternón hacia arriba).
¡Siempre es igual! ¡Son pautas que al automatizarlas serán muy fáciles de recordar!

Sentirás un vacío abdominal espectacular!!!

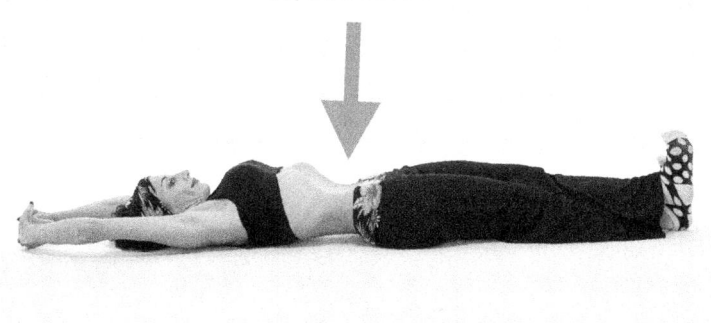

Luego, por supuesto, cambiaremos de pierna: izquierda encima y mano contraria encima.

Para la siguiente Deméter asimétrica, flexionaremos las piernas.

La derecha irá cruzada sobre la izquierda, ambos pies activos. El muellecito de la mano izquierda hará presión sobre la cara interna del muslo derecho (el que está arriba), justo a la altura de la rodilla. Es un punto de anclaje al abrir costillas y realizar las apneas. ¡Úsalo! Debes anclarte.

Por eso insisto en que haya siempre cierta tensión, pero es tono, no tensión. La musculatura, durante la rutina de gimnasia hipopresiva, siempre está alerta, nunca está relajada.

Por este motivo la rutina no dura nunca más de 20-30 minutos, dependiendo la intensidad de las posturas.

Recuerda que, como siempre, los codos van hacia afuera, el cuello largo, escápulas hacia afuera del tronco, planitas en el suelo, hombros lejos de orejas (¡no los subas!) y nariz tendiendo a esternón.

Inhalo... Exhalo... Me vacío por completo...

Y ¡APNEA! ¡Abro costillas! Y cambio de pierna.

La siguiente postura, es con ambas piernas estiradas.

78

Si no llegas a extender del todo las piernas, puedes flexionar ambas, pero guarda la simetría entre ellas.

Recuerda que siempre estarás traccionando para que se estiren las cadenas musculares, en este caso las cruzadas. Siempre alargando, esto tiene que ser una sensación permanente en la práctica de tu rutina hipopresiva.

Procuraremos llegar al ángulo recto. Yo peco de hiperflexible por eso me paso.

80

AFRODITA

Y ya casi llegamos al final.

Esta postura es una de mis favoritas. No sólo por el nombre ;-)

Sino porque al tener la pelvis elevada, tenemos muy poca carga visceral. El vacío es muy intenso y el trabajo de suelo pélvico también. También fortalece los muslos y glúteos. Completita. Se llama **AFRODITA**.

Desde DEMÉTER llevamos los brazos atrás, estirados, en contacto con el suelo. Como anteriormente en ISIS, puedes en el futuro llevar los dedos hacia arriba para estirar los nervios (neurodinámica). Esto lo hablaremos más en la tercera parte.

Mantenemos la alineación de rodillas, muslos, pelvis y hombros. La pelvis sigue neutra. La garganta no está bloqueada (no pego el mentón al pecho, aunque la nariz siempre tiende hacia esternón para estirar cervicales).

Apoyo bien las escápulas en el suelo (al principio, las manos apoyadas, ayudarán con esto). inspiro y mientras suelto el aire, subo las caderas -elevo la pelvis-, sin pasar la línea que va desde mis hombros a mis rodillas. Una vez arriba, en esa especie de puente sobre los hombros, realizo la apnea y vacío abdominal. Inspire y mientras suelto el aire bajo vértebra por vértebra con en un rulo. Para mayor dificultad, puedo vaciarme de aire abajo y realizar todo el movimiento en apnea y vacío abdominal (apnea dinámica, nivel III)

SELENE

Llegamos al final de esta rutina.

Partimos de DEMÉTER asimétrica totalmete estirados, y rotamos todo el cuerpo hacia un lado.

Rotamos pies, caderas y luego hombros y cabeza. Para volver lo haremos al revés: primero cabeza y hombros favoreciendo un gran estiramiento en todo el lateral de mi cuerpo. Luego caderas y pies.

Intentaremos que sea todo un bloque. Luego repetiremos hacia el otro lado.

Podemos respirar tranquilamente, rotar el cuerpo y hacer la apnea y vacío abdominal. O, hacer la apnea y vacío y luego rotar el cuerpo (más exigente).

Sí; lo sé. Mi cara en Selene es un poema.

Ya hemos acabado de momento. Nos vemos en la tercera parte donde aprenderemos más asimetrías, torsiones, apneas dinámicas, y ejercicios totalmente dinámicos.

En estas nuevas posturas de nivel II, puedes intensificar el trabajo respiratorio, entrenando específicamente los músculos de la respiración y haciendo apneas más largas.

¡SALUD y LARGA VIDA, HIPOFANS!

TERCERA PARTE

EJERCICIOS DE RESPIRACIÓN.
RESPIRACIONES DINÁMICAS.
APNEAS DINÁMICAS.
ESPIRAL DE BRAZOS.
NEURODINÁMICA.
EJERCICIOS DINÁMICOS.
ASIMETRÍAS Y TORSIONES.
MASAJE MIOFASCIAL.

RESPIRACIÓN:

fortalecer músculos, respiración dinámica y apnea dinámica.

Ya hemos hablado bastante de RESPIRACIÓN, así que seré breve. Hay varias maneras de fortalecer los músculos de la inspiración-espiración (resumiendo: diafragma, intercostales exteriores e interiores).

Para empezar, con la respiración profunda, ya logramos esto.

Otro truquito que ya os conté es el de atar un fular o pañuelo o cuerda alrededor de las costillas y apretar al máximo con las costillas cerradas. Inspirar intentando que ese pañuelo o cuerda ceda, que el nudo se desplace agrandando el diámetro de ese pañuelo, fular o cuerda.

Otra manera de fortalecerlos es ejerciendo presión sobre las costillas con tus propias manos o con un compañero que lo haga por ti. Al inspirar tenéis que vencer esa resistencia que te comprime la caja torácica y desplazar las manos hacia afuera.

Otra manera es a través de aparatos sencillos como el EOLOS o la MÁSCARA. El eolos se parece a un snorkel, y tiene una válvula de entrada y salida de aire que puedes ir ajustando para forzar más la respiración. Aunque aquí no podemos cubrir la nariz.

La máscara cubre boca y también nariz, y lo mismo, con unas válvulas de entrada y salida de aire para que te cueste más meter el aire y sacarlo. Esto ya para pros. Parecerás un Darth Vader haciendo fitness.

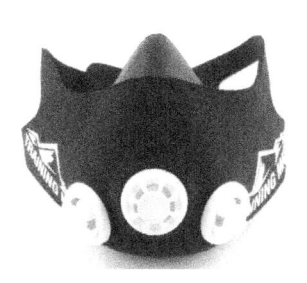

Menudo cuadro entrenar con esto puesto. Pero, la verdad es que exige mucho a los músculos de la respiración y es ideal para personas que hacen maratones, o triatlones, o carreras en altura, etc. O simplemente para los que se quieren meter caña (exigir a tope) o también para los fanáticos de Star Wars :-)

También podemos ejercitar cambiando la frecuencia de inspiración-espiración. En lugar de hacer siempre 2-4 (dos segundos inspiro, 4 segundos exhalo), variar: 4-6, 2-1, 4-8... Lo que te dé la gana.

También trabajar las apneas, tanto en inspiración como en exhalación. Tomo aire y mantengo el aire dentro unos segundos. Luego suelto de a poco o de golpe (espiración forzada y rápida). O por el contrario, ejercitar la apnea sin aire dentro: tomo aire, lo suelto todo, y me quedo sin aire unos segundos. Y voy variando el tiempo.

Realmente no es complicado y tu sistema respiratorio lo agradecerá. ¡Y se puede practicar en cualquier lugar!

No olvidemos el beneficio extra de la relajación que aporta la respiración profunda, pausada y consciente.

NEURODINÁMICA

Si llegaste hasta aquí, es porque te está gustando y estás notando beneficios de esta práctica. Me alegra mucho poder ayudarte y poder simplificar bastante la explicación de cómo ejecutar esta práctica y cómo sacarle el mayor partido.

Ahora veremos un concepto que a mí me entusiasmó. Tiene que ver con NEURODINÁMICA o NEURO-DINAMIA, Es la movilización del sistema nervioso periférico. O el estiramiento de los nervios, dicho de manera sencilla. Con distintos movimientos conseguimos descomprimir los nervios. Nos ayudará en el manejo de síndromes comunes como:

- Atrapamientos nerviosos como en el caso del síndrome del túnel carpiano
- Dolor cervical de origen radicular
- Síndrome del desfiladero torácico
- Ciáticas
- Adherencias
- Síndrome del piramidal
- Codo de tenista
- Fascitis plantar
- Dolor lumbar de origen radicular, entre otros...

Si algunas de estas dolencias te suenen a chino (a mí me sonaban así), pregúntale al Sr. Google.

Con las pautas posturales ya estamos haciendo muchos de estos estiramientos nerviosos, sobre todo con la rotación de las manos y la activación de los dedos todo el tiempo. Al igual que la activación de los pies, por ejemplo, al estar sentados o tumbados. Pero vamos a profundizar en estos movimientos y estiramientos.

Al final de esta tercera parte, hablaremos también de los "puntos gatillo" o "trigger points", puntos en la musculatura muy concentrados que irradian dolor hacia otras zonas. Y en relación a esto hablaremos de cómo liberarlos, o, al menos, ayudarnos, con masaje miofascial.

Para aplicar este estiramiento "súper" de nervios del tren superior -tórax y extremidades superiores- , comenzaremos con la espiral de brazos.

ESPIRAL DE BRAZOS

Inspirarás abriendo el pecho, elevando brazos, rotando las manos hacia afuera, y elevando un poco el mentón, y por supuesto, abriendo costillas. El movimiento final sugiere flexión de codos -puedes mantenerlos estirados- y muñecas al máximo que puedas (aquí se estiran los nervios); es la foto tipo Cleopatra.

El movimiento se ejecuta rotando manos, codos, hombros, en ese orden.

Si quieres llevar más a fondo el estiramiento, separa los dedos cuando llegas arriba, y junta los dedos y cierra el puño, cuando llegas abajo, llevando las puntas de los dedos hacia las muñecas. Verás cómo se estiran las fascias musculares y nervios.

Para que entiendas más el concepto de fascias musculares, es como si los músculos fueran países y las fascias las placas tectónicas que los unen por debajo. Todo está conectado.

Luego exhalarás bajando brazos, rotando las palmas hacia adentro, mientras las costillas se cierran de manera natural. Acabarás la extensión total llevando los brazos por detrás del torso y haciendo una especie de pico con las manos, los dedos en punta, las muñecas bien flexionadas.

Si realizamos todo este movimiento tomando y soltando aire, sería una RESPIRACIÓN DINÁMICA, respiración con movimiento.

Esta espiral la podemos meter entre Venus y Venus, o entre Atenea, y Atenea. En Freya, Perséfone, Aura, Hestia. Siempre irá bien entre las posturas de carga.

También podemos realizar toda espiral de brazos en apnea respiratoria y con vacío abdominal. Esto sería una APNEA DINÁMICA, con vacío abdominal: suelto el aire por completo, realizo apnea, abro costillas, vacío abdominal e inicio el espiral de brazos entonces. Lo hago todo, y al acabar el espiral, vuelvo a tomar aire. Depende de cuál sea mi objetivo y nivel de entrenamiento optaré por una u otra cosa.

¡ATENCIÓN! Vamos a procurar dos cosas: no subir los hombros a las orejas (contracción del trapecio y escalenos=tensión en cuello y hombros), y no desactivar las escápulas. Recuerda que en esta práctica todo el tiempo estamos estirando la musculatura en cadena, siempre nos "extendemos" en direcciones opuestas, nos alargamos.

Tanto la respiración dinámica como la apnea dinámica la podemos hacer en cualquier serie de posturas, con o sin espiral de brazos. Ya sabes, una vez conocidos todos los ingredientes, puedes hacer tu ensalada como quieras. Esto es lo genial de esta práctica, la adaptarás a ti, tus circunstancias de tiempo, lugar y nivel de entrenamiento.

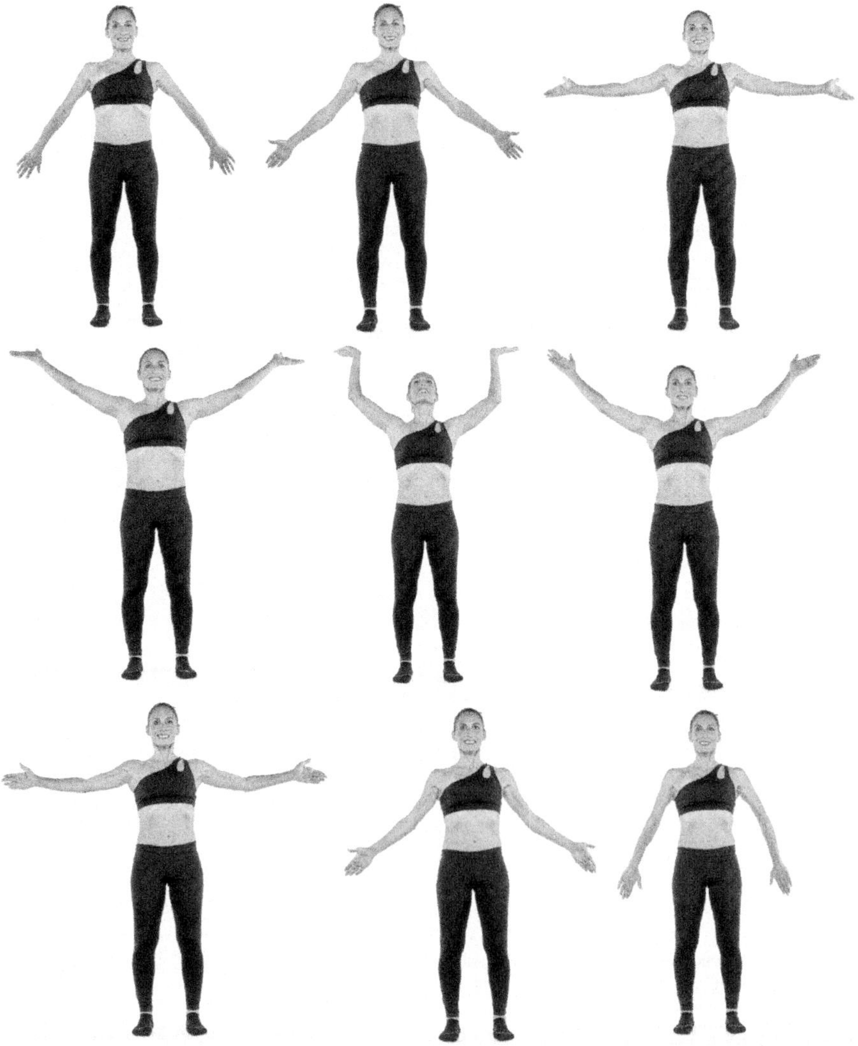

POSTURAS DE NIVEL III

Las pautas posturales siguen siendo las mismas. Puedes repasarlas en la página 58.

Sólo que haremos un estiramiento más a fondo de dorsales y cervicales, elevando el esternón, y, por consiguiente, elevando el mentón, e inclinando levemente la cabeza hacia atrás.

Es como si tuvieses un muro delante justo a la altura de tus ojos y quisieras ver qué hace el vecino. Podrías subirte a un banquillo (banquito) para espiar al vecino, o ponerte de puntitas (puntillas), pero en este caso elevarás la mirada, arrastrando contigo el mentón, la cabeza, el esternón y la última dorsal. Sentirás este estiramiento como algo muy liberador para el cuello, aunque tus dorsales trabajarán duramente.

Ejecutaremos VENUS y ATENEA como ya las conocemos, haciendo entre cada postura una espiral de brazos durante las fases de inspiración-espiración, como muestra la figura de la página anterior.

O si quieres que sea más duro, haciendo toda la espiral de brazos en apnea y vacío abdominal.

Aquí varias opciones, de menos a más. Cuando quieras hacer Atenea, recuerda flexionar los brazos al recoger la espiral de brazos, así ya tienes los codos hacia afuera para ejecutar las distintas posturas de Atenea: baja, media, alta.

1. VENUS. ESPIRAL DE BRAZOS INSPIRANDO Y EXHALANDO. APNEA. VACÍO ABDOMINAL. INSPIRO CON ESPIRAL DE BRAZOS Y REPITO EL CICLO.

2. VENUS. INSPIRO Y EXHALO. APNEA. VACÍO ABDOMINAL. ESPIRAL DE BRAZOS. INSPIRO Y REPITO CICLO.

3. VENUS. INSPIRO. EXHALO. APENA. VACÍO ABDOMINAL. ESPIRAL DE BRAZOS. FLEXIÓN DE CODOS AL RECOGER. ATENEA POSTURA BAJA. INSPIRO. REPITO CICLO PASANDO POR LAS OTRAS POSTURAS DE ATENEA.

En la siguiente página, espiral de brazos en apnea y vacío abdominal, con estiramiento de nervios.

92

FREYA avanzada

Recordamos brevemente esta postura. Adelantamos o retrasamos un pie. El grado de apertura de piernas dependerá de la carga que desees. El eje está inclinado y sigue una sola línea. Trazaremos una línea recta entre el talón que está detrás y la cabeza. Ambos pies están apoyados en el suelo. Toda la musculatura tracciona en direcciones opuestas. En el caso de la foto, puntualmente, partimos de una FREYA con flexión cervical (mentón al pecho, mayor estiramiento) y manos apoyadas en los muslos para un mejor anclaje de brazos y escápulas.

En FREYA avanzada, puedes experimentar con todo lo que has aprendido:

-Mayor apertura de piernas, con la consecuente carga y mayor inclinación del eje.

-Partir de una flexión de muñecas total, y hacer todo el espiral de brazos, hasta la total extensión de brazos con rotación externa de manos (manos hacia afuera, con dedos abiertos)

-Anclar una mano en el muslo adelantado y la mano contraria llevarla arriba, haciendo brazos asimétricos.

-Realizar espirales de brazos asimétricos.

-Realizar todos estos movimientos de brazos en apnea y vacío abdominal.

-Realizar una torsión del tronco con brazos asimétricos trabajando a fondo las fascias musculares. En las torsiones no arrastres la cadera contigo. La cadera sigue mirando al frente.

-Realizar todo el ejercicio en apnea: de Atenea, llevar pierna adelante, construir Freya, hacer un movimiento de brazos a elección, y volver a Atenea, todo en apnea.

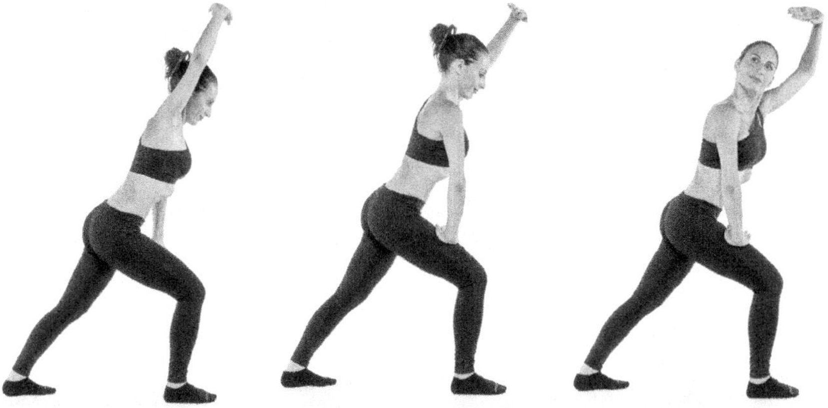

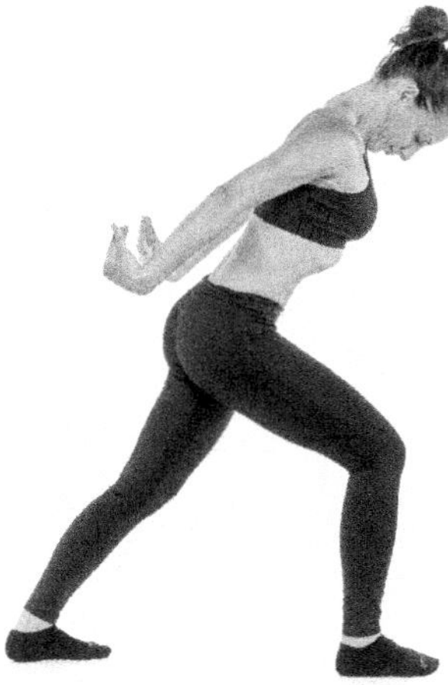

PERSÉFONE avanzada

Recordaremos brevemente Perséfone. Es el ejercicio con mayor carga que hacemos de pie. La pierna atrasada está flexionada. Cuánto mayor es el ángulo de flexión, más carga. Podemos incorporar la extensión de columna (estiro dorsales y cervicales, miro por encima del muro).

Una vez colocadas las piernas firmes, y encontrado el equilibrio (recordemos que las crestas ilíacas -huesos de la cadera- mantienen la misma altura y miran al frente), podemos hacer cualquier progresión de brazos: postura baja, media, alta; brazos asimétricos; espiral, de brazos; torsión del tronco (sin llevarte contigo las caderas)

El reto a estas alturas es partir de Atenea, y hacer todo el movimiento con una sola apnea. Aunque si necesitas cortar el movimiento para respirar, puedes hacer dos o más.

La progresión final sería así:

1. Atenea.
2. Inspiro-exhalo.
3. Apnea-vacío abdominal.
4. Perséfone (adelanto pierna y flexiono rodillas)
5. Progresión de brazos a elección.
6. Regreso al eje vertical con ambos pies paralelos y rodillas semiflexionadas, Atenea.
7. Inspiro.
8. Repito el ciclo cambiando de pierna.

Aquí una progresión de brazos en Perséfone, todo en apnea.

Y, tal como dijimos antes, podemos cambiar los movimientos de brazos, haciendo posturas asimétricas y torsiones. El ángulo de la pierna adelantada dependerá de tu fuerza, y de si quieres más o menos carga.

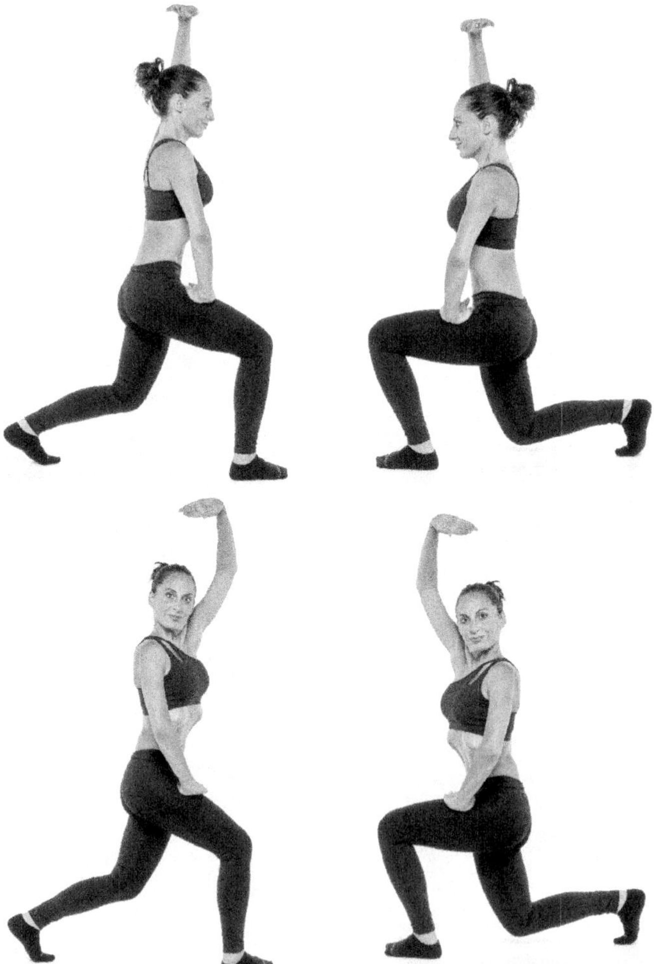

Pérséfone con espiral de brazos (recuerda que puedes realizar todo el espiral en apnea y vacío abdominal)

Espiral de brazos asimétrico.

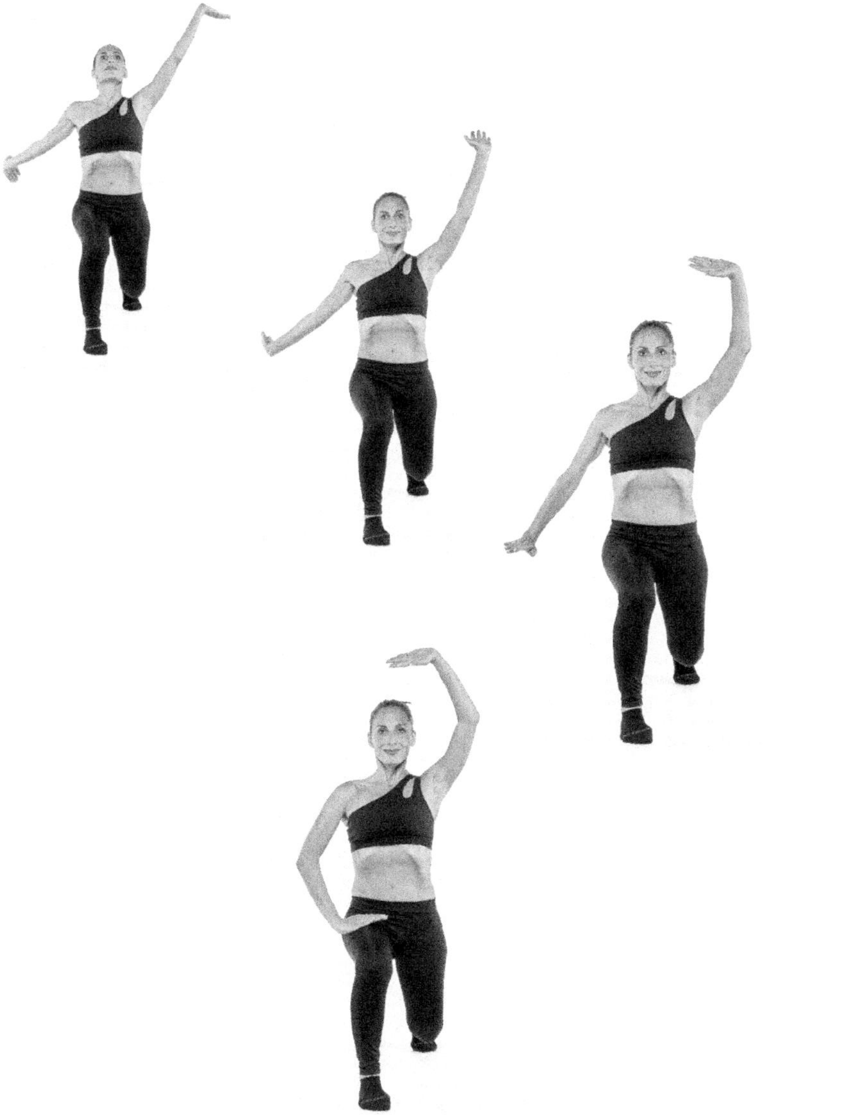

ARTEMISA avanzada

En la versión avanzada de Artemisa, el tronco no va tan hacia adelante. Más bien es una postura de carga que de descarga, ya que mantendremos un ángulo recto entre el torso y los muslos, creando una escuadra, exigiendo un gran trabajo de la cadena posterior. El peso está ligeramente hacia adelante, más hacia los metatarsos que hacia los talones. Y por supuesto, se estira la espalda todo el tiempo en direcciones opuestas.

Empezaremos con ambas manos apoyadas, para luego ir quitando.

1. Una mano apoyada en el muslo y la otra arriba, con brazos asimétricos (alternar brazos).

2. Ambas manos detrás, con muñecas flexionadas como si empujasen las manos una pared trasera imaginaria.

3. Ambas manos arriba empujando un techo oblicuo imaginario (mucha carga para la espalda, sólo se debe hacer si se está fuerte de espalda y cadena posterior)

La transición de ARTEMISA a AURA será suave y se puede hacer todo en apnea.

Irás deslizando las manos por las piernas, metiendo el mentón al pecho, como envolviéndote en un caracol, hasta llegar con las manos al suelo (puedes doblar las rodillas todo lo que necesites). Una vez apoyadas las manos, flexiones las rodillas hasta apoyarlas en el suelo. Luego pones erguido el tronco, creces con la coronilla al cielo, colocas las escápulas como Schwarzenegger, y ya está.

AURA avanzada

Para este tercer nivel, adelantaremos una pierna y Aura se ejecutará sobre una sola rodilla, alternadamente.

Las variaciones de brazos son iguales que para Perséfone: baja, media alta -de nivel uno-, asimetrías -de nivel dos-, torsiones y espiral de brazos -de nivel tres-.

Todo es posible. No dejes todo el peso en la rodilla apoyada; ejerce siempre una fuerza de crecimiento hacia arriba. Y es importante que los huesitos de tus caderas estén alineados.

Comienza con la progresión de brazos que ya conoces. Luego podrás sumar asimétricos, torsiones y espiral de brazos.

Espiral de brazos.

Brazos asimétricos y torsión.

Transición de AURA a GAIA.

Apoya las dos rodillas en el suelo. Alarga la columna y los brazos por encima de la cabeza, tomándote las manos. Vete envolviendo el torso, como un caracol, hacia adentro, con el mentón al pecho, contrayendo el abdomen para proteger tu zona lumbar. Apoya las manos en el suelo. Haz un arco con la espalda, sacando las escápulas. Los codos tiran hacia afuera. Ya estás list@ para las nuevas variantes de Gaia y Maya.

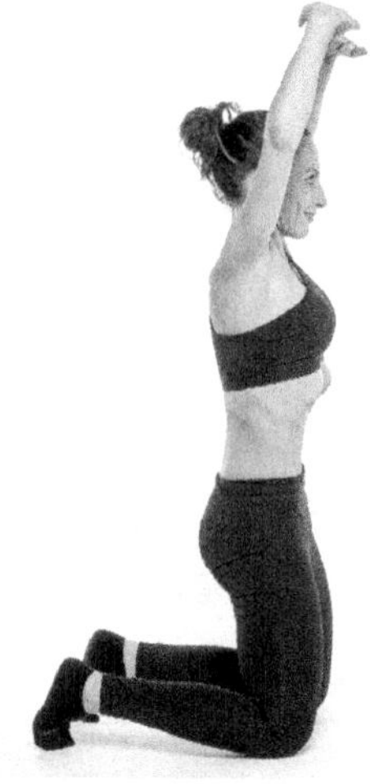
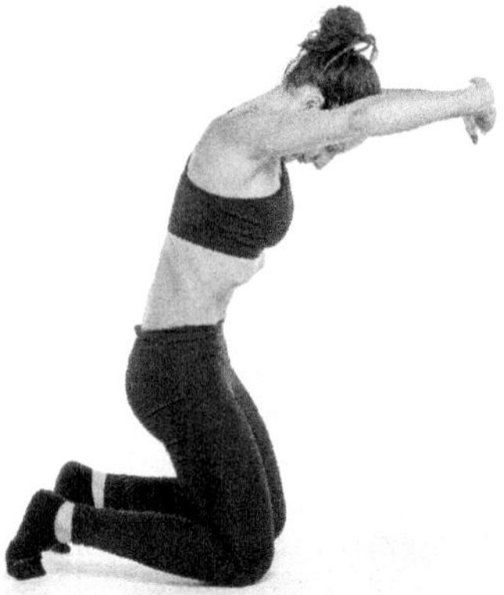
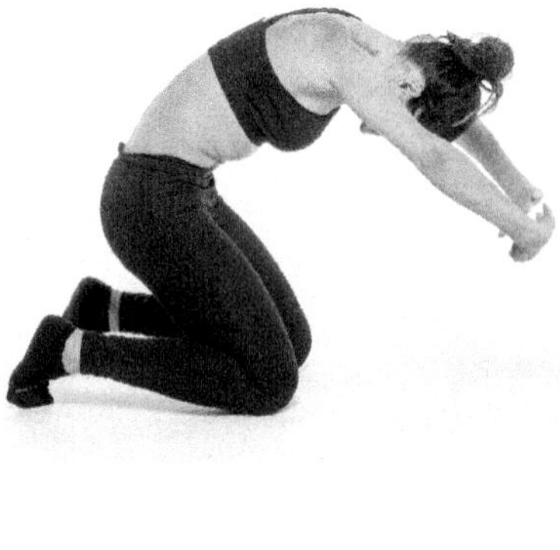
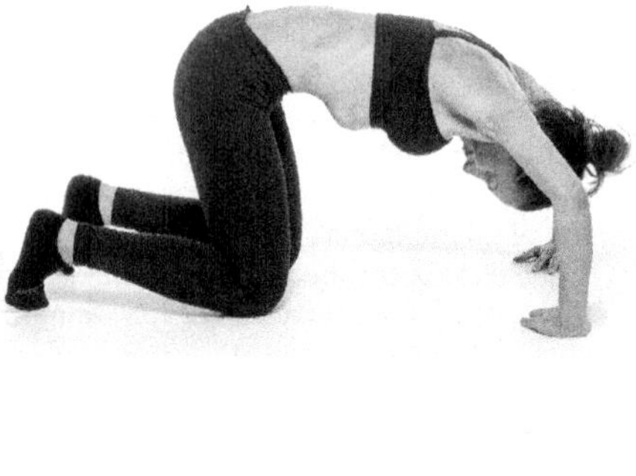

GAIA avanzada

Baja más la coronilla al suelo, hasta apoyarla. Esto es un punto de apoyo con el 5% del peso, es decir, casi nada, toda la fuerza está en los brazos y hombros. Puedes adelantar más el eje para más carga, y crear asimetrías con brazos y piernas avanzando (pierna y brazo contrarios, alternando).

Me parezco bastante a una cucaracha en estas posturas, pero, todo sea en pos de un fabuloso vacío abdominal y un gran trabajo de brazos y hombros. Merece la pena.

MAYA avanzada

Vamos a separar ahora la coronilla del suelo. Crearás asimetrías: adelantas rodilla derecha y mano izquierda. Luego llevas la pierna derecha hacia atrás. Como opción más intensa puedes elevar la pierna. Recuerda que en nivel avanzado la idea es realizar todo el movimiento en apnea y vacío abdominal.

El pie de la pierna extendida empuja una pared imaginaria trasera. Caderas y hombros están alineados.

Transición a HESTIA.

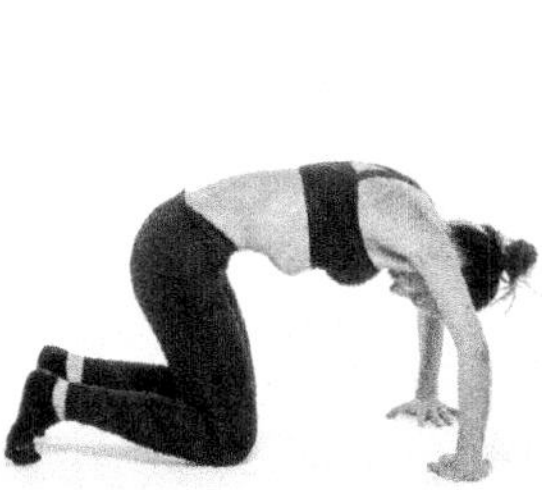

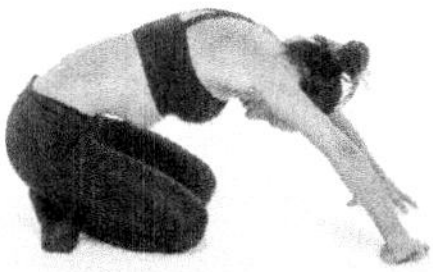

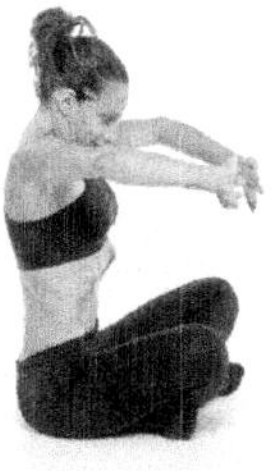

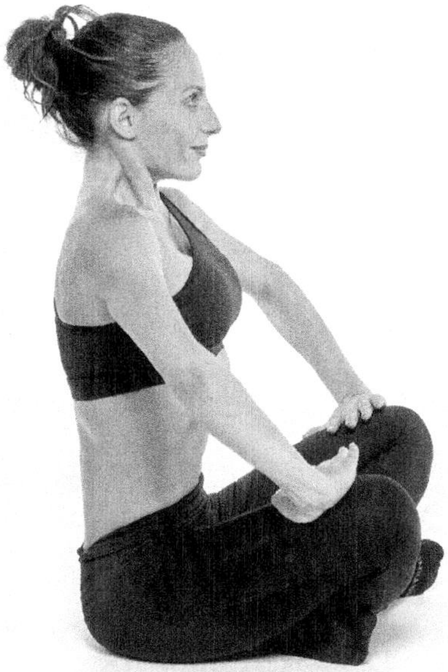

HESTIA avanzada

En Hestia avanzada, harás las variaciones de brazos que desees en apnea y vacío abdominal (fig. 1 a 4). Al hacer la espiral de brazos, recuerda flexionar las muñecas tanto arriba como abajo, para estirar nervios, cuando ya lleves práctica con ello.

También puedes incorporar la flexión cervical -mentón al pecho- o la extensión de dorsal y cervical -elevación del mentón o mirar por encima del muro- .

Puedes realizar aquí brazos asimétricos, torsiones, espiral de brazos simétrico y asimétrico.

111

Otras variantes de Hestia avanzada consisten en llevar el torso un poco hacia atrás, apoyar las manos y efectuar apnea y vacío abdominal con flexión cervical, con ambas piernas paralelas o con asimetrías de piernas.

Espiral de brazos asimétrico.

Transición a Afrodita.

Desde Hestia te vas hacia atrás, a apoyar la columna en el suelo (baja redondo con el mentón pegado al pecho y el abdomen dentro para proteger tu espalda). Llegas al suelo, llevas los brazos abiertos hacia atrás. Las palmas hacia arriba permiten un buen apoyo de las escápulas.

AFRODITA en apnea dinámica.

Flexionas las rodillas, apoyas talones, flexiones pies, inspiras, exhalas, y en apnea y vacío abdominal subes las caderas, sostienes durante la apnea, inspiras y en exhalación bajas. Y repites.

Ésta es la versión de Afrodita tal cual la conocías. Ahora veremos variantes más avanzadas, principalmente aumentaremos carga con elevación de piernas.

AFRODITA avanzada

Subiremos las piernas alternadamente, y lo haremos todo en apnea y vacío abdominal. Busca un buen apoyo escapular. Aprieta los glúteos para proteger tus lumbares. Es un ejercicio muy avanzado. No lo hagas si no tienes la fuerza suficiente, y mucho menos intentando mantener una apnea.

116

DEMÉTER avanzada

Deméter ahora la haremos con las dos piernas arriba. Tendrás que controlar mucho tu faja abdominal para que sostenga el peso de tus piernas. Si se abomba tu abdomen y se ahueca la zona lumbar, no lo hagas; aún no estás listo. También puedes reducir la carga al principio apoyando las piernas contra una pared.

Preogresión de brazos: baja (con apoyo en muslos), media y alta.

1. Con manos a la nuca y tracción cervical.
2. Misma posición de manos, tracción cervical y elevación de la cabeza.

SELENE avanzada

Te estiras como en Deméter, colocando un pie sobre el otro. Si tienes el pie derecho encima, harás lo mismo con las manos, la mano derecha por encima. Traccionarás toda la musculatura en direcciones opuestas. Flexionarás la pierna de arriba y rotarás hacia el lado contrario de la pierna flexionada, empezando por rotación de caderas, torso, escápulas, cabeza, brazos.

Una vez ahí, cambiarás de pierna: la que estaba flexionada se estira, y la otra se flexiona. Elevarás la pierna extendida a la altura de la cadera, quedando ésta paralela al suelo. Volverás a bajar la pierna y flexionarás la otra por encima. Cambiarás las manos, la que estaba encima pasa a estar debajo. Volverás a rotar.

Rotarás al revés: brazos y cabeza, escápulas, caderas, piernas, hasta quedar otra vez boca arriba con la otra pierna por encima.

Repetirás para el otro lado.

Es ideal trabajar las cadenas cruzadas en su máxima extensión, es decir, si la pierna derecha está arriba, colocar la mano izquierda por encima, y al rotar las palmas, la mano derecha quedará encima también. A veces nos liamos con esto, no es vital, pero hace que el estiramiento sea mucho mayor.

120

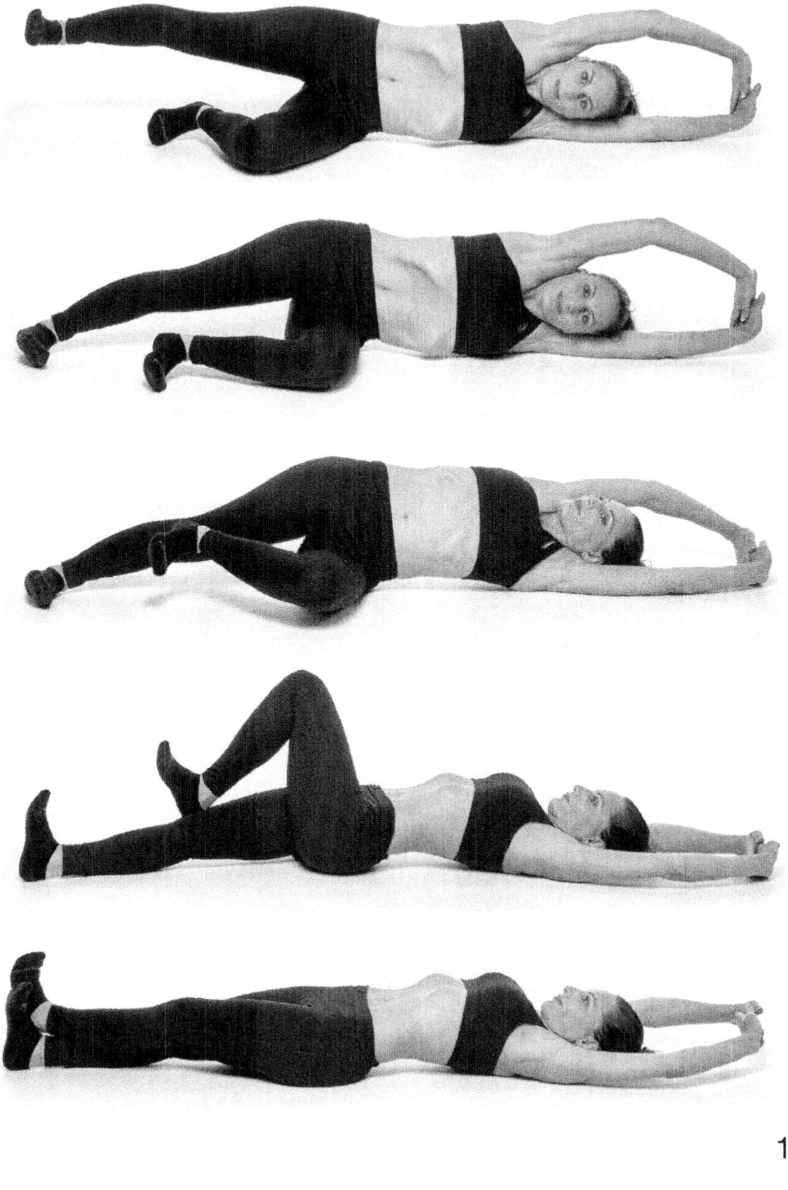

Y ya estamos casi llegando al final.

Aquí te mostraré algunas posturas entrenando con el EOLOS y la MÁSCARA.

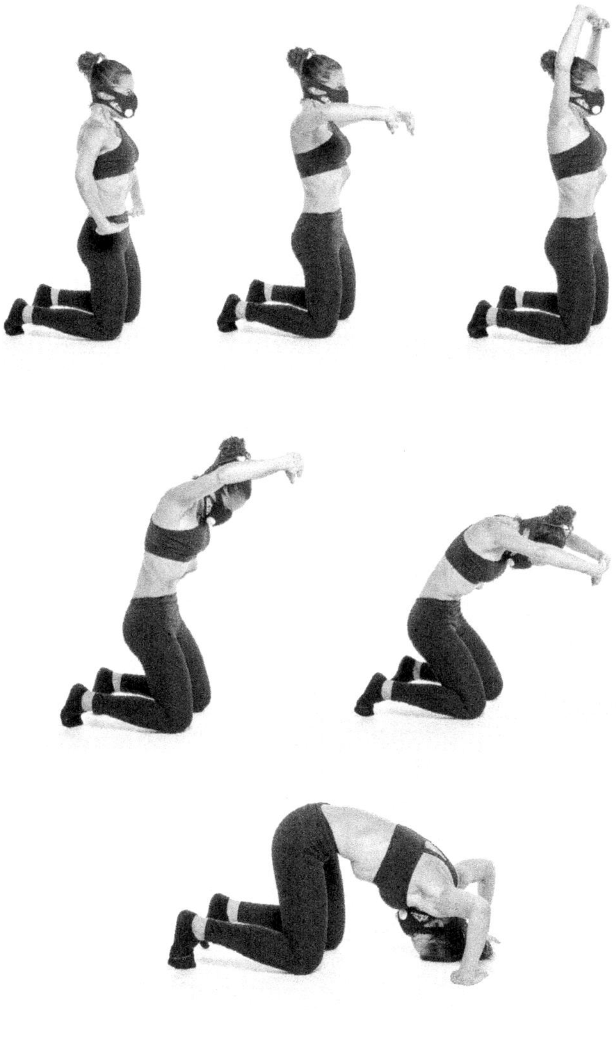

124

MASAJE MIOFASCIAL

Las fascias son las membranas de tejido conectivo que envuelven todas las estructuras del cuerpo: músculos, articulaciones, huesos... Y, a nivel más profundo: órganos, vísceras, vasos sanguíneos, etc., proporcionando protección, revestimiento, sostén y estabilidad.

A veces las fascias están rígidas. Puede ser por estrés, malas posturas, sobrecarga muscular, o algo más fuerte, como un golpe, o una cirujía.

Por eso el fisio te dice "masajea la cicatriz", por ejemplo, después de una cirujía, porque hay que "liberarla", porque tiene muchas "adherencias". Es la fascia que se ha quedado rígida.

Para "liberar" o reducir esa rigidez de la fascia se recurre al masaje de "liberación miofascial". Consiste en aplicar movimientos y presiones mantenidas sobre las fascias para devolverle la movilidad, deslizamientos y desplazamientos a las mismas.

Para liberarlas nosotros mismos, haremos un auto-masaje, donde la intensidad la ponemos nosotros.

Debemos colocar la parte afectada sobre el rulo (foam roller) o pelota, y aprovechar nuestro peso corporal para ejercer la presión sobre la zona a tratar. Realizaremos movimientos de ida y vuelta pudiendo detenernos un momento si sentimos un "punto gatillo".

Los puntos gatillo se llaman así porque, cuando se aplica presión sobre uno, el dolor se refleja en otro punto del cuerpo. Es la presión en un punto la que acciona el dolor en otro (trigger=gatillo)

En estas fotos, libero dorsales con una pelotilla de pinchos. Puedes aplicar presión con pelota o rodillo en cualquier parte del cuerpo.

DIAFRAGMA Y MÚSCULOS DE LA INSPIRACIÓN

Para liberar el diafragma, lo masajearemos metiendo los dedos por debajo de la costilla. Si el diafragma está tenso, nos costará mucho abrir costillas y por lo tanto, hacer el vacío abdominal.

También podemos utilizar una pelotita de liberación miofascial.

Para entrenar los músculos de la inspiración, hay varias formas. Puedes ejercer presión sobre tus costillas con ambas manos, y al inspirar harás más fuerza para vencer esta resistencia. Puedes también hacerlo con un compañero que ejerza presión con sus manos. Puedes atarte un pañuelo, bufanda, fular, alrededor de las costillas, y tener que abrir el lazo con la inspiración. Al exhalar, volver a apretar el lazo.

INSPIRO (abro costillas)

EXHALO (presiono costillas suavemente hacia adentro)

INSPIRO: cede el lazo.

ESPIRO/EXHALO: aprieto el lazo.

ESTIRAMIENTOS: bonus track

Espalda, parte interior de muslos, cara interior de brazos, nervios en brazos, cuello, hombros. Si te cuesta estar con las piernas abiertas, o sentarte rect@ con las piernas abiertas, crúzalas como los indios, o ponte con las piernas un poco separadas pero contra una pared.

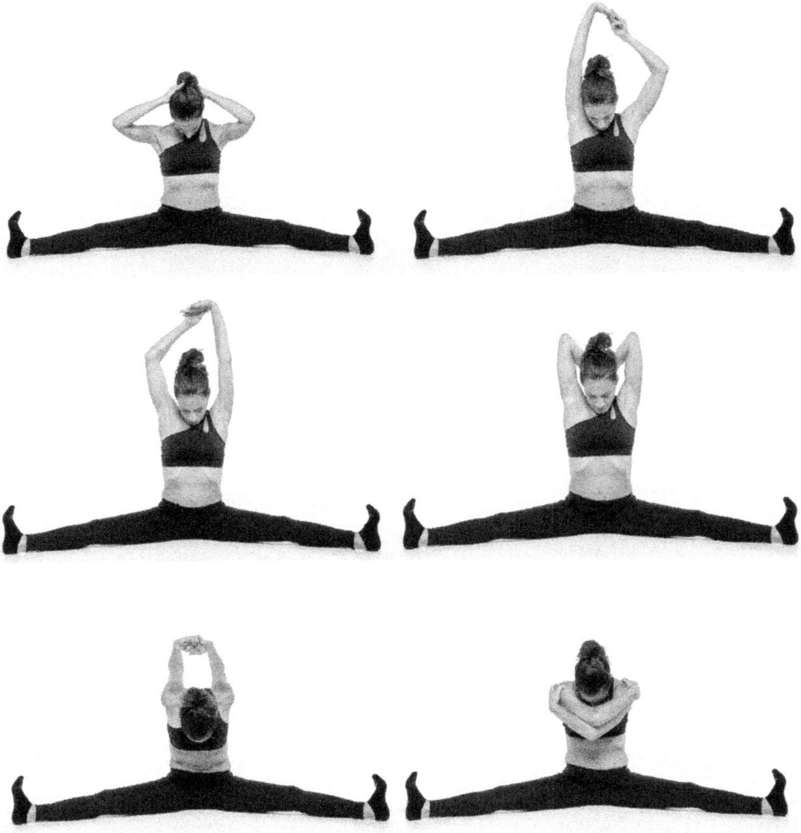

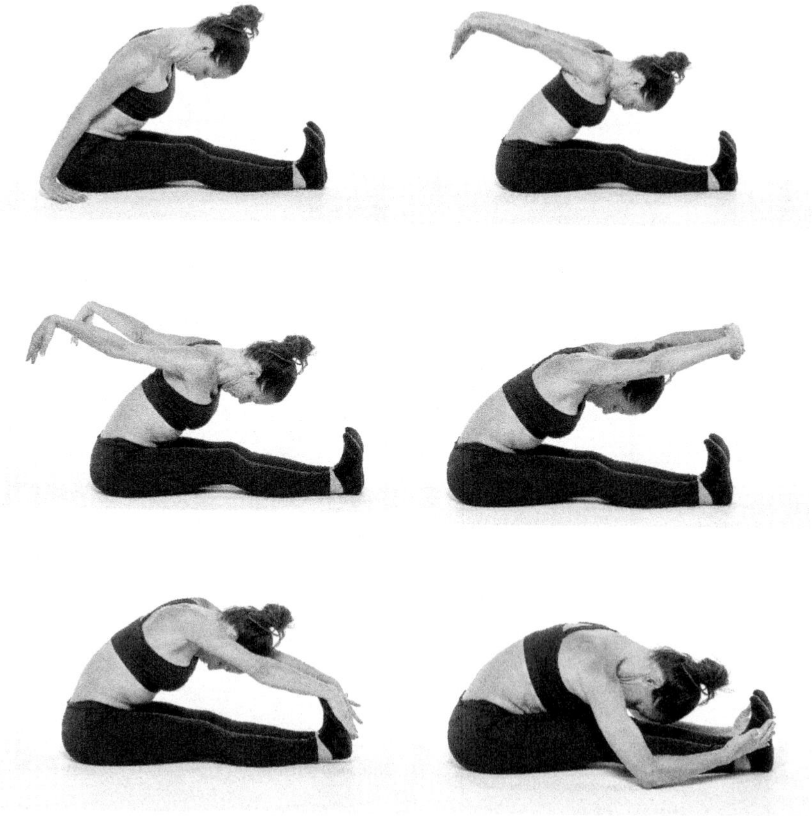

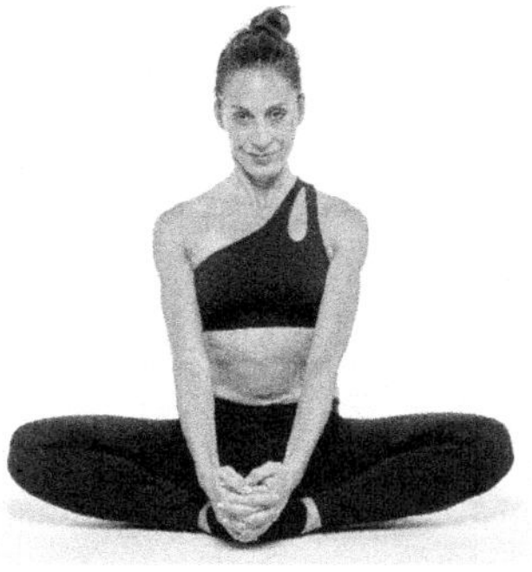
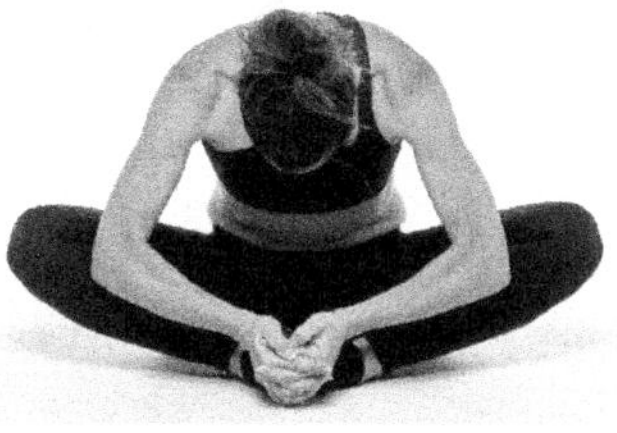
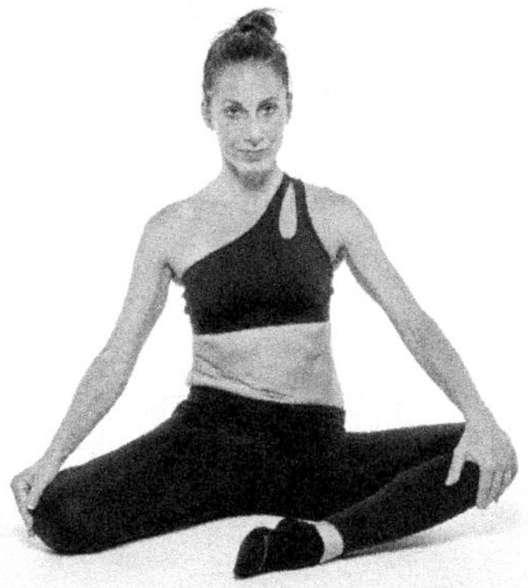
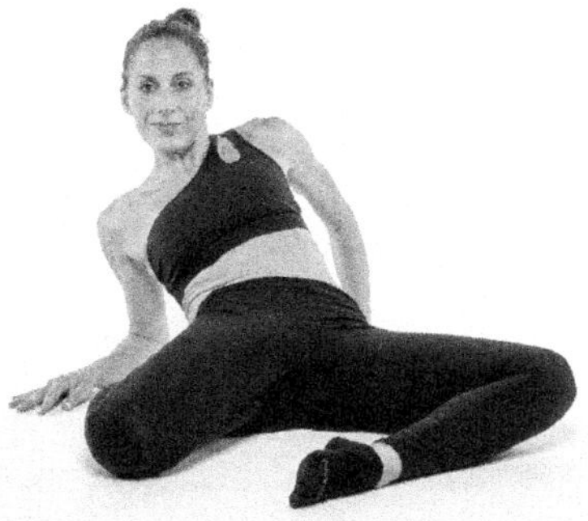
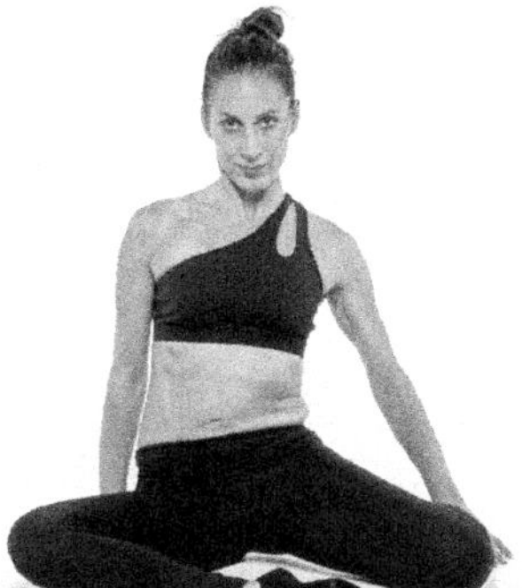
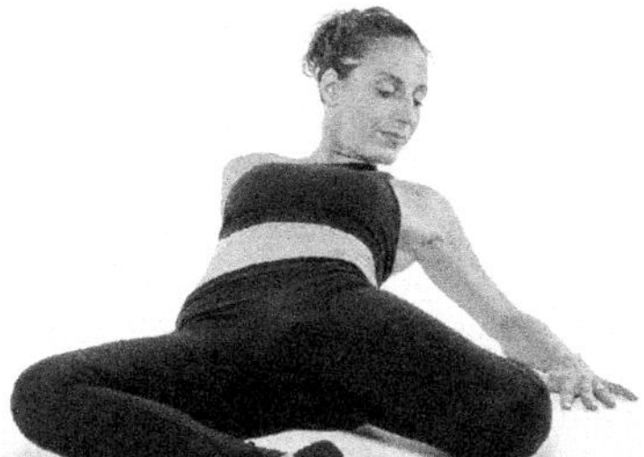

¡HASTA LA VISTA, BABIES!

Consideraciones finales.

Bueno, aquí una guía práctica para ti, para vos, para que puedas sacar partido de todos estos ejercicios tan beneficiosos para tu postura, para tener una faja abdominal sana, para evitar lesiones, para mejorar tu función sexual, tu circulación, tu rendimiento deportivo, y para mejorar tu suelo pélvico y prevenir inflamación en tus vísceras y descenso de tus órganos internos.

Creo que es una herramienta fundamental, y está al alcance de todos. Tan sólo unos minutos después de tu entrenamiento habitual, o un ratito al levantarte por la mañana, o tres espiraciones y vacíos abdominales mientras estás con el ordenador (o la computadora), en cualquier momento, en cualquier lugar, y sin necesidad de tener unos conocimientos muy elaborados. Adapta la rutina a tus necesidades, dolencias, limitaciones, estado físico, objetivos, etc. Aquí tienes un amplio abanico de ejercicios para combinarlos como quieras.

Ya sólo queda que empieces, ya sabes, pasito a pasito, y si tienes dudas consulta los videos (canal de YouTube: Supersoli. Iremos subiendo videos nuevos, clases, etc.) Todo lo que puedas hacer para contrarrestar los efectos de la gravedad, la presión, el esfuerzo, y una faja abdominal mal entrenada, lo capitalizarás el resto de tu vida. ¡Es una gran inversión en ti mism@!

Te animo a que empieces y que lo lleves contigo siempre. Todos son beneficios.

Disfruta la práctica, respira profundo, tómate descansos entre maratón diaria y maratón diaria, entre demandas externas y demandas externas.

Te deseo una vida hipopresiva: sin presión, con una buena postura antes las dificultades y llena de respiraciones profundas para abarcar las maravillas del Universo.

Mucha felicidad y bendiciones. Y recuerda: tú gobiernas tu propio reino.

¡Hasta pronto!

Solange.

Estampita San Arnold recortable.

Printed in Great Britain
by Amazon